DE LA

CONDUITE DES DÉBATS

DEVANT

LES CONSEILS DE GUERRE

ET DEVANT

LES COURS D'ASSISES

PAR

Le Baron Alexis de BERNARD

CHEVALIER DE LA LÉGION-D'HONNEUR, CONSEILLER A LA COUR IMPÉRIALE DE LYON

PARIS

LIBRAIRIE MILITAIRE

J. DUMAINE, Éditeur de l'Empereur
Rue et passage Dauphine, 30

LYON

MARIUS CONCHON, rue Impériale, 15

GIRAUDIER, place Bellecour, 9

LYON. — IMPRIMERIE D'A. VINGTRINIER

1859

DE LA CONDUITE DES DÉBATS

DEVANT

LES CONSEILS DE GUERRE ET DEVANT LES COURS D'ASSISES·

DE LA

CONDUITE DES DÉBATS

DEVANT

LES CONSEILS DE GUERRE

ET DEVANT

LES COURS D'ASSISES

PAR

Le Baron Alexis de BERNARD

CHEVALIER DE LA LÉGION-D'HONNEUR, CONSEILLER A LA COUR IMPÉRIALE DE LYON

PARIS	LYON
LIBRAIRIE MILITAIRE	MARIUS CONCHON, rue Impériale, 15
J. DUMAINE, Éditeur de l'Empereur	
Rue et passage Dauphine, 30	GIRAUDIER, place Bellecour, 9

LYON. — IMPRIMERIE D'A. VINGTRINIER

1859

Les tribunaux militaires en temps de paix ne connaissent que de l'action publique, parce que ce n'est qu'en vue de la répression qu'ils ont été établis, les intérêts civils ayant des juges plus exercés par l'étude des lois qui est leur occupation de tous les jours et l'habitude de toute leur vie.

Le Code de justice militaire, dont je me propose de traiter une partie, et dont S. M. l'Empereur, dans sa haute sollicitude pour tous les besoins qui se font sentir, a doté l'armée, a pour but de signaler les prescriptions de la 'oi et les principes qui se rapportent à la conduite des débats devant les

conseils de guerre et de rappeler les formes, consa-
crées par un usage constant.

Aucun guide n'existait à cet effet; j'ai donc en-
trepris cette tâche dans l'intention de faciliter aux
officiers de l'armée une étude dont leurs occupations
militaires les ont forcément éloignés.

Quoique le législateur n'eût pas à s'occuper des
règles à suivre dans les cours d'assises, sur les devoirs et les obligations des jurés et le résumé du
président, il m'a paru cependant utile d'en réunir
les éléments les plus essentiels pour compléter ce
recueil et le rendre propre aux recherches des
jeunes magistrats et du barreau.

La plupart des documents produits ont été puisés
dans les notes de mon père, ancien procureur général, premier président et conseiller à la cour de
cassation, et recueillis dans les arrêts *non contestés*
de la cour suprême et surtout dans l'excellent journal
de jurisprudence criminelle, rédigé et publié succes-
sivement par MM. Faustin Hélie, Chauveau et
Morin.

Ce guide des débats qu'il eût été facile d'étendre
et que j'ai circonscrit dans les plus justes limites,

ne peut donc manquer d'intérêt; peut-être trouvera-t-on qu'un autre ordre eût pu être suivi ; mais les matériaux n'en existeront pas moins et chacun pourra les réunir à sa guise :

On l'a dit avec raison, *la meilleure méthode est celle que l'on se fait.*

B^{on} DE BERNARD.

PREMIÈRE PARTIE

EXPOSÉ SUR LA POLICE JUDICIAIRE ET L'INSTRUCTION.
DE LA MISE EN JUGEMENT ET DE LA CONVOCATION DU
CONSEIL DE GUERRE.

IIᵉ PARTIE

DE L'EXAMEN ET DU JUGEMENT.

IIIᵉ PARTIE

PRINCIPES DE JURISPRUDENCE, COURS D'ASSISES ET PRINCIPES
DE DROIT.

ABRÉVIATIONS

Cour de cassation,	C. C.
Code d'instruction criminelle,	C. I. C.
Code de justice militaire,	C. M.
Jurisprudence constante,	Jur. Const.
Observation,	Obs.
Voir,	V.

DE LA

CONDUITE DES DÉBATS

DEVANT

LES CONSEILS DE GUERRE

———

PREMIÈRE PARTIE.

Avant d'aborder le sujet que nous nous proposons de traiter, il nous a paru indispensable de faire connaître, aussi sommairement que possible, comment un prévenu est amené devant la juridiction militaire par l'exercice de la police judiciaire et les formes de l'instruction.

L'un et l'autre ont pour objet la recherche, la poursuite et la constatation des crimes et délits, et par suite la répression dont la célérité double toujours l'efficacité.

1

Exercice de la police judiciaire et de l'instruction.

Dans cette matière, il est un principe qui domine et régit toutes les dispositions de la loi militaire, c'est que l'action de la police judiciaire est exercée sous l'autorité du général commandant la division, et fait de cet officier général le chef et le directeur de l'action publique que lui seul peut mettre en mouvement (art. 84, *C. M.*)

Les fonctionnaires militaires, agissant sous l'autorité du général pour exercer la police judiciaire, ont pour principale mission de recevoir les plaintes et les dénonciations qui leur sont adressées, de rédiger les procès-verbaux, enfin de faire tous les actes qui peuvent amener la découverte de la vérité, en se conf   ..at aux indications qui sont données par la loi, soit aux fonctionnaires militaires, soit aux fonctionnaires civils requis à cet effet.

C'est donc après avoir pris connaissance de tous les renseignements qui lui sont fournis, et même d'office, que le général commandant la division (et dans quelques cas exceptionnels le ministre de la guerre), donne l'ordre d'informer.

A PEINE DE NULLITÉ, les poursuites ne peuvent avoir lieu que sur cet ordre.

On peut apprécier combien sont importants les pouvoirs confiés au général commandant la division, et comme il s'agit toujours de l'honneur d'un militaire, le soin consciencieux qu'il doit apporter à l'examen des documents qui lui sont remis.

Voici comment s'exprimait au Sénat le Maréchal duc de Malakoff :

« Quel est le premier gardien de l'honneur militaire, si ce n'est le chef militaire dans l'étendue de son commandement ?

« Quel est le juge le plus impartial, parce qu'il est le plus scrupuleux des exigences de l'honneur militaire, si ce n'est le général vieilli au métier des armes, et ayant pour lui l'expérience et la maturité du jugement. »

Devoirs du rapporteur et droits du commissaire impérial.

L'ordre d'informer doit être adressé, avec toutes les pièces à l'appui, au commissaire impérial près le Conseil de guerre qui les transmet au rapporteur.

C'est donc après que la remise des pièces de l'information provisoire a été faite au rapporteur, que l'instruction doit commencer sous la direction du commissaire impérial qui, aux termes de la loi, peut, en tout temps et à toutes les époques, en prendre communication et faire toutes les réquisitions qu'il juge convenables.

Le rapporteur procède à l'interrogatoire du prévenu, et s'il n'est pas en état d'arrestation, il décerne soit un mandat de comparution, soit un mandat d'amener, qu'il peut, d'après les faits et les circonstances révélés par l'instruction, changer en mandat de dépôt. Le rapporteur procède à l'audition des témoins, condamne les défaillants, envoie des commissions rogatoires partout où besoin est, fait lever des plans, ordonne des expertises, fait ou fait faire des visites domiciliaires, saisit les pièces de conviction, et prend enfin toutes les mesures que lui dicte sa conscience, son expérience et un zèle bien entendu..

Principes et règles de l'instruction.

Une bonne instruction est une œuvre difficile,

aussi croyons nous devoir poser quelques règles dont la portée ne peut pas être méconnue.

Le magistrat instructeur doit se préoccuper d'une manière toute particulière des faits justificatifs et de l'instruction à décharge; c'est un devoir d'autant plus rigoureux pour lui qu'il est chargé d'éclairer le général commandant la division, qui seul doit prononcer le renvoi du prévenu devant le Conseil de guerre.

Le rapporteur doit provoquer les objections des inculpés qui gardent le silence, soit par insouciance, soit par calcul; il doit surtout rechercher avec soin ce qui doit établir la *criminalité* du fait.

Ces divers soins pourront augmenter le travail du rapporteur, mais d'un côté, l'inculpé, objet d'une erreur, sera plus promptement et plus sûrement mis hors de cause, d'un autre côté l'information à charge gagnera en autorité et en certitude.

Un bon juge d'instruction doit toujours se tenir en garde contre sa conviction personnelle.

L'audition des témoins est la principale et la plus difficile tâche du magistrat instructeur: la patience, le discernement, la précision, la fermeté doivent concourir à son accomplissement.

Tous les témoins ne doivent pas être entendus de même : il faut mesurer et approprier les questions à l'âge, à la position sociale, à l'intelligence de la personne qui dépose ; à toutes le rapporteur doit inspirer une confiance qui excite les révélations, et ne pas craindre de mettre quelquefois une insistance qui ait pour but et pour résultat de soulever le voile qui cache la vérité.

Les jeunes enfants surtout doivent être entendus avec les soins les plus grands et beaucoup de mesure, avec douceur, avec familiarité même, et lorsqu'il s'agit de certains crimes avec une réserve prudente qui ménage leur pudeur.

Le juge d'instruction doit surtout s'attacher à recueillir et à consigner les mots qui, par leur originalité, font tableau.

Une confrontation faite avec soin et perspicacité est un acte qui amène souvent de bons résultats : il est rare qu'une reconnaissance faite spontanément n'établisse pas la sincérité d'un témoin.

Dans l'interrogatoire d'un prévenu les questions doivent être nettement posées, sans détour, ni réticence : on doit employer des phrases courtes, lucides et appropriée à l'intelligence de l'inculpé : enfin un interrogatoire doit être fait avec loyauté, fermeté et humanité.

Dans l'interrogatoire final, le juge d'instruction doit reproduire toutes les charges et tous les moyens de défense qui sont résultés de l'information ; c'est dans cet acte qui doit tout résumer que le rapporteur doit mettre toute sa méthode, toute son intelligence et toute sa clarté.

La célérité d'une bonne information est une des choses les plus essentielles de l'instruction, et pour qu'elle soit complète, le rapporteur doit s'entourer de tous les moyens qui peuvent éclairer la justice sur le fait principal, sur les circonstances du crime, sur les antécédents du prévenu et même dans certains cas sur ceux de la victime.

Des conseils de révision.

L'instruction étant terminée, lorsqu'il doit être procédé au jugement d'un accusé, les difficultés deviennent plus compliquées, parce qu'il s'agit de prévenir, dans les débats, des nullités résultant de l'omission de formalités substantielles que le législateur n'avait pas toutes indiquées, nullités

qui, lorsqu'il s'agit de l'instruction sont, en général toujours couvertes par l'ordre de mise en
jugement.

Les conseils de révision, avec le pouvoir qui
leur est attribué, peuvent être moins sévères pour
l'application des principes que ne l'est la Cour de
cassation, mais nous en sommes plus que certain,
ils ne craindront pas de s'éclairer et de donner à
des accusés toutes les garanties que la loi et la
jurisprudence leur accorde.

Après ces observations, nous abordons le sujet
principal que nous avons à traiter.

CODE DE JUSTICE MILITAIRE

—

LIVRE III. — TITRE I".

CHAPITRE PREMIER. — SECTION II.

—

De la mise en jugement et de la convocation du Conseil de guerre.

Art. 108, *C. M.* — L'instruction terminée, le rapporteur transmet les pièces, avec son rapport et son avis, au commissaire impérial, lequel les adresse immédiatement, avec ses conclusions, au général commandant la division, qui prononce sur la mise en jugement, etc.

Art. 109, *C. M.* — L'ordre de mise en jugement est adressé au commissaire impérial avec toutes les pièces de la procédure.

Trois jours avant la réunion du conseil de guerre, le commissaire impérial notifie cet ordre à l'accusé, en lui faisant connaître le crime ou le délit, pour lequel il est mis en jugement, le texte de la loi applicable et les noms des témoins qu'il se propose de faire citer.

Il l'avertit, en outre, A PEINE DE NULLITÉ, que, s'il ne fait pas choix d'un défenseur, il lui en sera donné un d'office par le président.

La faculté donnée par l'art. 108, *C. M.*, au général commandant la division, de prononcer sur la mise en jugement fut, dans le sein de la commission législative, l'objet d'une discussion aussi approfondie que l'avait été le droit de ne donner l'ordre d'informer, que sur l'appréciation de la valeur de la plainte ou des documents produits à l'appui de la prévention.

Le législateur a pensé et la loi a adopté que, lorsque l'information démontrait l'innocence d'un inculpé, ou que les faits retenus comme constants ne pouvaient constituer ni crime ni délit, il n'était pas nécessaire pour arriver à un résultat négatif, presque toujours connu d'avance, de convoquer un conseil de guerre.

Le rapporteur au corps législatif le disait avec raison :

« C'est chose grave pour un soldat, pour un officier, d'être détourné de son service, d'être enlevé à son corps, de comparaître en accusé au milieu de l'appareil de la justice militaire, de voir toujours inscrit sur son livret ou ses états de service cette mention, qu'il a été traduit devant un conseil de guerre. On ne sort jamais d'un débat criminel que diminué. »

Et il ajoutait :

« La garantie contre le défaut de poursuites, si les charges sont réelles, est dans l'instruction même, dans la publicité qu'elle acquiert forcément, dans le concours du général commandant, dont l'autorité est ici tempérée par sa haute position et par son honneur. »

De la rédaction du rapport.

Il résulte encore des art. 108 et 109 *C. M.*, que si le général commandant pense qu'il y a lieu de mettre le prévenu en jugement, le crime ou le délit pour lequel il est renvoyé devant le conseil de guerre doit être *précisé*. A cet effet, afin que le général soit parfaitement édifié sur le résultat de l'instruction, il est important que le rapporteur termine son rapport et le commissaire impérial donne son avis par un résumé où soit qualifié le fait et ses circonstances, et où soient visées les dispositions de la loi qui les réprime.

Ce rapport doit être rédigé avec d'autant plus de soin et de clarté, qu'aux termes de l'art. 121 *C.M.*, la lecture doit en être faite à l'audience, et cette lecture a pour résultat, au début des débats, d'éclairer pour la première fois le conseil, à l'exception du président, sur les principales questions du fait qu'il est appelé à juger.

Ce *rapport* n'est autre que *l'acte d'accusation* rédigé, en matière criminelle, par le procureur général et lu aux jurés devant la cour d'assises.

Le commissaire impérial, dans ses qualifications, doit surtout s'attacher à distinguer le fait principal des circonstances aggravantes. La loi et la jurisprudence ont établi que la complexité dans la *position* et surtout dans la *solution* des questions, entraîne, en matière criminelle, NULLITÉ de la procédure.

Jurisprudence sur les accusations portées devant le conseil
de guerre.

Les art. 99, 108 et 109 *C. M.* combinés, nécessitent une autre observation.

Aux termes de ces articles, le commissaire
impérial ne peut porter devant le conseil de guerre
aucun autre crime ou délit que celui pour lequel
l'ordre de convoquer le conseil lui a été adressé.

Cette défense est loin d'être impérative, car la
jurisprudence a établi qu'une *modification rationnelle* d'un fait résultant de l'instruction et
des débats est toujours permise. En effet, les débats peuvent révéler des circonstances qui chan-
gent la qualification légale du fait, tel qu'il est
qualifié par l'ordre de mise en jugement; de telle
sorte que les questions peuvent être résolues négativement, et que cependant le fait résultant des
débats, constituerait un autre crime ou délit qui
resterait alors sans répression, à moins de recou-
rir à une nouvelle instruction inutile, puisque le
conseil est saisi, et qu'il est assez éclairé pour
prononcer.

C'est ainsi que l'a décidé la Cour de cassation dans son arrêt du 7 avril 1852.

« Attendu que l'ordre du général commandant qui convoque le conseil de guerre en retenant certains faits, n'apporte aucun obstacle à ce que le conseil n'assigne aux faits dont il est saisi, selon l'événement des débats, une tout autre qualification : — Que ce principe de *modification* résulte du droit commun et son exercice importe à la bonne administration de la justice et à la juste répression *des délits* ; que c'est un principe d'ordre général et absolu qui domine toutes les juridictions spéciales. »

C'est alors au président du conseil à poser les *questions modificatives* du crime ou du délit, à moins toutefois qu'il n'y ait *incident contentieux*, et alors le conseil est appelé à délibérer et à vider l'incident.

Dans ce cas, s'il y a conclusions prises par l'accusé ou son défenseur et déposées sur le bureau, un jugement motivé doit être rendu, après avoir entendu le ministère public. Sans ces précautions, il y aurait NULLITÉ.

Obligation de nommer un défenseur à l'accusé.

Le dernier paragraphe de l'art. 109 *C. M.* est relatif à l'avertissement donné à l'accusé que, s'il ne fait pas choix d'un défenseur, il lui en sera nommé un d'office par le président.

L'accusé doit donc connaître son défenseur aussitôt que l'ordre de mise en jugement lui a été notifié et il peut dès ce moment (art. 112, *C. M.*) communiquer avec lui.

L'avis relatif au défenseur et à sa désignation est un des plus importants, puisque, par un sentiment d'humanité et de justice, il tend à garantir à l'accusé un conseil qui puisse l'assister et défendre ses intérêts. Aussi le législateur a-t-il prescrit que cet avertissement serait donné A PEINE DE NULLITÉ. Procès-verbal doit être dressé de l'accomplissement de cette formalité substantielle.

Du choix d'un défenseur.

Art. 110 *C. M.* — Le défenseur doit être pris, soit parmi les militaires, soit parmi les avocats et les avoués, à moins que l'accusé n'obtienne du président la permission de prendre pour défenseur un de ses parents ou amis.

Cet article, comme on le voit, désigne les personnes parmi lesquelles les défenseurs doivent être choisis ; c'est avec raison qu'on y voit figurer les militaires, ce qui établit les sentiments d'humanité qui les animent et leur permet de mettre au jour leur capacité. Si l'accusé porte son choix sur un parent ou un ami, la désignation doit en être faite au commissaire impérial au moment où l'avertissement prescrit par l'art. 109 *C. M.* est donné. Cette demande doit être constatée par l'acte même d'avertissement, ainsi que la réponse du président auquel il a dû en être référé.

Nous pensons sur ce point que toute *nullité* serait couverte par la présence à la barre du défenseur ou de l'ami : cette présence prouverait également l'assentiment du président.

Avant d'accorder cette autorisation, le président doit s'assurer des motifs qui ont dicté le choix de l'accusé.

On pourrait induire du texte de cet article que le nombre des défenseurs peut être illimité ; ce serait une erreur. En général, dans les affaires ordinaires, lorsque les intérêts des accusés sont les mêmes, un seul défenseur peut suffire; si les intérêts sont distincts, il doit être désigné un défenseur à chacun d'eux. Ce ne peut être que dans des cas exceptionnels que le nombre des défenseurs peut être étendu. S'il en était autrement, il pourrait y avoir abus.

Il est encore de règle que les défenseurs, pris parmi les avocats et désignés d'office, ne peuvent refuser leur concours; ce serait méconnaître les devoirs que leur honorable profession leur impose....., et s'ils présentent des excuses elles doivent être péremptoires. Si le président ne les jugeait pas telles, il devrait s'adresser au bâtonnier de l'ordre des avocats, premier gardien de l'honneur de ses collègues.

L'article 41 de l'ordonnance du 20 novembre 1822 est ainsi conçu:

« L'avocat nommé d'office pour la défense d'un accusé ne pourra refuser son ministère, sans faire approuver ses motifs d'excuse ou d'empêchement par les cours d'assises qui pourront, etc., etc. »

La loi et les usages prescrivent encore que les avocats et les avoués ne puissent plaider devant les tribunaux que revêtus du costume qui est l'insigne de leur profession : les membres du conseil de guerre sont en grande tenue, ne serait-il pas convenable que les membres du barreau portassent leur robe ? A mon avis ce serait donner plus de poids à leur parole, et, dans des cas très-rares, plus de dignité à leur tenue.

Convocation du conseil de guerre.

Art. 111 C. M. — Le général commandant la division, en adressant l'ordre de mise en jugement, ordonne de convoquer le conseil de guerre, et fixe le jour et l'heure de sa réunion. Il en donne avis au président et au commissaire impérial, qui fait les convocations nécessaires.

Cet article n'est que le corollaire de l'art. 108 *C. M.* : toutefois il ne faut pas perdre de vue que la réunion du conseil doit être fixée de manière à ce que le délai de *trois* jours soit expiré avant que le conseil se réunisse. La jurisprudence a cependant établi que l'accusé pouvait renoncer à ce délai de trois jours, mais il faut que son *consentement soit exprès et formel.* Le procès-verbal devra en faire mention.

Il est convenable, dans l'intérêt de l'accusé, de

donner au défenseur avis du jour, de l'heure et du lieu de la réunion.

Communication du défenseur avec l'accusé.

Art. 112. *C. M.* — Le défenseur de l'accusé peut communiquer avec lui aussitôt l'accomplissement des formalités prescrites par l'art. 109 : il peut aussi prendre communication sans déplacement ou obtenir, à ses frais, copie de tout ou partie des pièces de la procédure, sans néanmoins que la réunion du conseil puisse en être retardée.

Dans la disposition de cet article, il est à regretter que le défenseur, le plus souvent nommé d'office, soit obligé de prendre copie, à ses frais, de pièces importantes pour la justification de son client trop souvent sans ressources pécuniaires. Au moins aurait-il fallu laisser quelque latitude à cet égard au commissaire impérial et au président. Devant la juridiction criminelle des assises, la copie des interrogatoires et de quelques autres pièces est, seule, aux frais des accusés.

FIN DE LA PREMIÈRE PARTIE.

DEUXIÈME PARTIE.

———

Nous arrivons à la section III du Code de justice militaire qui traite *de l'examen et du jugement.*

C'est là qu'il est principalement question de la direction à donner aux débats, du jugement, de la condamnation ou de l'absolution de l'accusé

Avant d'examiner ces différents points, il nous a paru nécessaire de déblayer le terrain, et de poser les principes, qu'il est non seulement utile de connaître, mais dont il est encore indispensable de

se bien pénétrer, pour imprimer une marche plus
rapide aux débats.

De la publicité et du huis clos.

Le principe général de la *publicité des débats*
est prescrit A PEINE DE NULLITÉ par les art. 113 et
140 *C. M.* : cette règle de droit est absolue et a
été établie dans l'intérêt de la défense et de l'accusé. Toutefois, une jurisprudence constante de la
cour de cassation a décidé qu'on ne pouvait considérer comme manquant de publicité les débats
qui se continuent après que le président a fait éva-
cuer, pour cause de tumulte, une partie de la
salle d'audience, et que même il a ordonné la fermeture des portes qui étaient assaillies par la
foule.

L'exception au principe de publicité est le *huis
clos* : l'appréciation de cette mesure n'appartient
qu'aux magistrats seuls ; elle est remise à leur conscience, et rien ne les oblige à consulter l'accusé.
La même appréciation appartient au conseil pour
l'interdiction du compte-rendu de l'affaire (art.
113 *C. M.*).

Le *huis clos* peut être ordonné pour une partie

des débats, pour l'audition même d'un seul témoin, si le conseil pense qu'il n'y a aucun inconvénient, pour l'ordre et les mœurs, à faire jouir l'accusé, pour le surplus, de la garantie de la publicité.

Il peut encore être ordonné avant la lecture des pièces et du rapport du commissaire impérial, qui pourraient offenser la morale par les détails obligés qu'ils contiennent.

Le *huis clos* doit se continuer jusqu'à la fin des plaidoiries, à moins de décision contraire, mais doit forcément cesser, a peine de nullité, pour la lecture du jugement (art. 113 et 140 *C. M.*).

Il est un point sur lequel l'attention du Président du conseil doit se porter d'une manière toute particulière, et qui, en matière criminelle, a motivé la cassation d'un grand nombre d'arrêts, c'est lorsqu'il s'agit de statuer sur des *questions incidentes.*

La décision incidente est un *jugement* sur un *incident contentieux*, c'est-à dire débattu par le ministère public et la défense, et où des conclusions formelles sont réciproquement prises. Le jugement de cet incident doit être *motivé, rendu publiquement*, les portes ouvertes.

Le jugement prononcé, le président fait de nouveau retirer le public, le *huis clos* reprend son cours, sans que le conseil soit tenu de rendre une *nouvelle* décision à cet effet : le président, dans ce cas, ordonne l'évacuation de la salle d'audience et la fermeture des portes.

Il est important de retenir que les ordonnances que rend le président, telles que d'appeler un témoin en vertu de son pouvoir discrétionnaire, d'ordonner l'apport d'une pièce, etc., etc., font partie des débats et ne doivent pas être rendus publiquement, parce qu'il est constant que « la garantie de la publicité n'est nécessaire qu'au cas où les arrêts *statuant sur un droit prétendu et contesté*, vident un incident contentieux.

Toutes les fois que de pareils incidents sont soulevés, *des conclusions écrites* doivent être couchées par la défense ; elles ont l'avantage d'établir la précision de la demande. Le commissaire impérial doit toujours être entendu dans ce cas, ou peut s'en rapporter à la prudence du conseil, ce qui, dans la pratique, est une réquisition suffisante.

Police de l'audience.

Le président seul est *exclusivement* chargé de la police de l'audience (art. 114 *C. M.*) : il peut, il doit, tant au dedans qu'au dehors, prendre toutes les mesures convenables pour le maintien de l'ordre et de l'indépendance de la justice.

La loi (art, 115 *C. M.*) prévoit les mesures coercitives que le président peut prendre dans quelques circonstances.

Ainsi 1° De son propre arbitre, et sans le concours du conseil, il a le droit de condamner les asssitants qui auraient donné des signes d'approbation ou d'improbation, et qui résisteraient à l'ordre d'expulsion émané de lui, à un *emprisonnement* qu'il peut porter à *quinze jours*.

2° Dans le cas où le trouble et le tumulte auraient pour but de mettre obstacle au cours de la justice, les perturbateurs, *quels qu'ils soient*, sont jugés séance tenante, déclarés, s'il y a lieu, coupables de rébellion *par le conseil de guerre*, et punis d'un *emprisonnement* qui ne peut excéder *deux ans*.

3° Si les assistants ou les témoins se rendent coupables, envers le conseil de guerre ou l'un de ses membres, de voies de fait ou d'outrages et menaces par propos et gestes, ils sont condamnés séance tenante :

Les assistants non militaires, aux peines portées par le code pénal ;

Les assistants militaires ou assimilés aux militaires, *quels que soient leurs grades ou leurs rangs*, aux peines prononcées par le présent code contre les crimes ou délits, lorsqu'ils ont été commis envers des supérieurs pendant le service.

Ainsi, s'il y a outrages et menaces par propos et gestes, la peine est prévue par le 1er § de l'ar. 224 *C. M.* — S'il y a voies de fait, la peine est *la mort.*

La pénalité rigoureuse de cette disposition avait amené, dans le sein de la commission législative, une discussion approfondie. Nous citons l'opinion d'un honorable général qui en faisait partie :

« Les juges siégent avec les insignes de leur grade ; ils portent le hausse-col qui est la marque du service : leurs fonctions sont tellement un fait de service que ceux qui refuseraient de siéger dans un conseil de guerre seraient punis des peines prononcées contre les militaires coupables de refus de service : ils doivent donc, dans l'accomplissement de leurs fonctions de juges, être considérés comme des supérieurs vis-à-vis de tous les militaires qui tenteraient de les empêcher de remplir leurs devoirs, et, à ce titre, la loi doit leur assurer une protection efficace. En résumé, lorsqu'il s'agit d'assistants militaires, les juges du conseil de guerre leur sont toujours supérieurs par la position, sinon par le grade. »

L'art. 116 *C. M.* traite de faits étrangers à la police de l'audience, et ses dispositions se bornent à régler la compétence des tribunaux qui doivent connaître des crimes et délits commis dans le lieu des séances, de même que l'art. 120 *C. M.* s'occupe des formes de la procédure dans les différents cas qui viennent d'être examinés.

Refus d'un accusé de comparaître à l'audience.

Le refus de comparaître de la part d'un accusé militaire ou assimilé aux militaires, les faits de rébellion dont il se rend coupable, les condamnations qui peuvent être prononcées contre lui, les formes à suivre, prévus par les articles 118, 119 et 120 *C. M.*, sont des cas exceptionnels dont le président a rarement à faire usage et qu'on

a vu principalement surgir dans les affaires politiques.

Nous nous bornons donc à citer un arrêt qui est
relatif à la condamnation d'un accusé en son absence :

« Attendu qu'en autorisant la cour d'assises de
faire sortir de l'audience l'accusé qui entrave la
marche de la justice, la loi du 9 septembre 1835,
établit un principe éminemment protecteur de
l'ordre social, sans lequel il suffirait des violences
de l'accusé pour mettre la justice dans l'impossibilité d'atteindre ou de réprimer ses méfaits; Que
cette mesure étend ses effets à tous actes qui se
produisent à l'audience après l'expulsion de l'accusé et même au prononcé de l'arrêt définitif ; —
Que cela résulte des termes de l'art. 10 qui déclare
qu'il sera procédé aux débats, et de l'article 9 qui,
s'il ne parle d'abord que de passer outre aux débats, énonce ensuite que les arrêts rendus par la
cour, hors la présence de l'accusé, seront tous
réputés contradictoires, sans excepter de cette
règle l'arrêt définitif, et sans que ni l'un ni l'autre
de ces articles mentionnent une rentrée de l'accusé
à l'audience dont il vient d'être éloigné avant
l'arrêt de condamnation. »

« Qu'ainsi la cour d'assises en procédant à

l'application de la peine, sans faire ramener l'accusé dont elle avait précédemment ordonné l'expulsion, n'a commis aucune violation de la loi. »
C. C. 20 janvier 1857.

Moyens d'incompétence et exceptions sur la composition du conseil.

Les moyens d'incompétence qu'un accusé peut
faire valoir devant le conseil de guerre (art. 123
C. M.) se réduisent à deux : ils résultent ou du
crime ou du délit, ou de la qualité du justiciable,
par exemple s'il n'est pas militaire.

Cette exception doit être jugée sur le champ ;
si elle est rejetée, le conseil doit procéder au jugement de l'affaire, sauf le pourvoi de l'accusé
sur ce point en même temps qu'il se pourvoira sur
le fond.

L'art. 123 *C. M.* a décidé qu'il devait en être
de même pour le jugement de toute autre exception ou de tout incident soulevé pendant les débats.

Les jugements sur ces matières sont rendus à la
majorité des voix.

Comme on le voit, le législateur a pensé avec raison qu'il ne pouvait être permis à un accusé de suspendre la décision du conseil par des moyens dilatoires, et d'entraver ainsi le cours de la justice ; aussi la loi ordonne-t-elle que, si l'incident est rejeté, on doit passer outre, sauf le recours de l'accusé, si la décision lui est contraire.

Aux termes de l'art. 122 *C. M.*, aucune exception ne peut être tirée de la composition du conseil; aucune récusation ne peut être proposée contre un de ses membres, sauf le recours en révision dans les cas prévus.

Ici le législateur a eu en vue la promptitude de la répression qui est un des éléments les plus précieux d'une bonne justice. Ce serait une chose déplorable que de voir un accusé ou le défenseur, trop pénétré de l'intérêt qu'il peut porter à son client, discuter les moyens plus ou moins fondés qu'il croit avoir de récuser un des juges d'un conseil de guerre légalement constitué. Les intérêts de l'accusé, d'ailleurs, ne sont-ils pas sauvegardés par la loi même, puisqu'il peut toujours les faire valoir devant le conseil de révision?

De la fausse déposition.

Si, d'après les débats, la déposition d'un témoin paraît fausse (art. 127, *C. M.*), le président peut le faire arrêter. Les formalités à remplir sont réglées par l'article cité.

Nous devons rappeler ici quelques principes constants.

Il est de jurisprudence certaine qu'une déposition mensongère, rétractée avant la fin des débats ne peut constituer le crime de faux témoignage : le témoignage n'est complet que lorsqu'il ne peut plus être utilement modifié, car il serait dangereux de rechercher si la rétractation est due à la peine portée contre les faux témoins, plutôt qu'à un remords salutaire, ou à des souvenirs mieux recueillis ou mieux coordonnés.

Quand un faux témoignage se manifeste aux débats, le président, même d'office, peut faire mettre le témoin en état d'arrestation, à plus forte raison peut-il ordonner qu'il sera gardé à vue jusqu'à la fin des débats.

Obs. — Quand un témoin a été mis en état
d'arrestation et emmené de l'audience, il est convenable et juste qu'avant de prononcer la clôture
des débats, le président le fasse ramener pour
qu'il ait à s'expliquer de nouveau ; car s'il reve-
nait à la vérité, sa rétractation ferait disparaître
le crime et il devrait être mis en liberté.

Quant un faux témoignage est constant, le procès-verbal qui le constate peut-être dressé séance
tenante.

Du pouvoir discrétionnaire.

Le président (art. 125 *C. M.*) est investi d'un
pouvoir discrétionnaire pour la direction des débats et la découverte de la vérité.

Il peut, dans le cours des débats, appeler,
même par mandat de comparution et d'amener,
toute personne dont l'audition lui paraît nécessaire ; il peut aussi faire apporter toute pièce qui
lui paraîtrait utile à la manifestation de la vérité.

Les personnes ainsi appelées ne prêtent pas
serment et leurs déclarations ne sont considérées
que comme renseignement.

La jurisprudence vient à l'appui de la loi pour
tout ce qui se rattache au pouvoir discrétionnaire
et, par quelques principes et quelques espèces, nous
allons en faire mieux apprécier toute l'étendue.

« Le président des assises peut, en vertu de
son pouvoir discrétionnaire, ordonner une vérification des lieux par la cour et les jurés, *contradictoirement avec l'accusé*, avec toutes les conditions requises pour la constitution de la cour
d'assises (les juges, le ministère public, les jurés
et le greffier) et pour l'observation du principe
de publicité, à moins qu'il n'y ait lieu d'ordonner
le huis clos. Juris. Const. »

« Le président peut ordonner seul une exper-
tise, parce qu'il peut prendre sur lui tout ce qu'il
croit utile à la découverte de la vérité; l'expert
ainsi désigné, en vertu du pouvoir discrétionnaire,
peut ne pas prêter le serment de l'art. 44 C. I. C.,
mais s'il le prête c'est une garantie de plus de
l'exactitude de ses opérations et de son rapport.
Juris. Const. »

« Bien qu'en matière criminelle, un témoin
qui est sur la liste du ministère public ou de l'accusé, liste qui a été régulièrement notifiée, ne
puisse être rayé qu'en vertu d'un arrêt, néanmoins dans le cas où ce témoin déclare être parent

de l'accusé au degré prohibé, le président peut, de sa seule autorité, ordonner qu'il ne sera entendu qu'à titre de simple renseignement et sans prestation de serment. » Jurisp. Const.

Obs. — Un sentiment de convenance et de moralité fait souvent prendre l'initiative au président et entendre, sans prestation de serment, une fille déposant contre son père; un père déposant contre un de ses enfants; une femme contre son mari, etc., etc.

« Si, en principe, le ministère public n'a pas le droit de faire ou d'ordonner une instruction supplémentaire, après l'arrêt de renvoi, cependant quand un rapport a été fait, le président peut en ordonner la lecture, en prévenant que c'est à titre de simple renseignement. » C. C., 4 août 1854.

Obs. — Le président doit toujours ordonner la communication de cette pièce à la défense.

« La cour d'assises commet un *excès de pouvoir* en ordonnant la lecture de la déposition d'un témoin absent, même quand il y a des conclusions prises à cet égard, tant par le ministère public que par la défense; cette mesure ne peut émaner que du président *seul*, investi du pouvoir discrétionnaire qui lui est personnel, et qui ne permet pas à la cour d'entrer en participation de cet exercice et d'usurper les attributions du président. » Juris. Const.

Obs. — Il résulte de là que le défenseur ne peut pas lire la déposition d'un témoin absent sans l'autorisation du président.

« Le président, sur la demande de la communication d'une pièce qui ne fait point partie de la procédure et qui n'est pas produite aux débats, peut la refuser ; s'il y a conclusions prises et débattues il appartient à la cour de statuer. » C. C., 11 juin 1851.

« Les ordonnances que rend le président en vertu de son pouvoir discrétionnaire n'ont pas besoin d'être rédigées par écrit et peuvent être laissées, *par sa volonté*, sans exécution : « Attendu qu'aucun texte de loi ne prescrit au président ni de formuler par écrit les ordres qu'il donne à l'effet d'aider à la manifestation de la vérité, ni d'en exiger l'exécution, même quand elle est possible, ni de faire constater que cette possibilité n'existe pas. » Juris. Const.

Un grand nombre d'arrêts rendus dans le même sens ont confirmé les mêmes principes : en nous

occupant de la conduite des débats nous serons
dans le cas d'en citer encore quelques uns.

Pour bien faire apprécier quelle est l'étendue
du pouvoir discrétionnaire du président des assises et par conséquent du président d'un conseil
de guerre, nous allons donner l'opinion d'un
criminaliste distingué (M. Dupin) et l'arrêt de la
cour de cassation sur la distinction qui existe entre
le pouvoir du président et celui de la cour.

« La cour d'assises en statuant par arrêt, sans
« qu'il y ait incident contentieux établi par conclu-
« sions, sur certains faits qui rentrent entière-
« ment dans le pouvoir discrétionnaire du pré-
« sident, le paralyse et commet un excès de
« pouvoir. — Le pouvoir discrétionnaire du
« président est distinct de celui de la cour. —
« Le pouvoir de la cour est pour tout ce qui est
« de rigueur...., de l'exécution stricte de la loi ;
« c'est le pouvoir de juger le fonds et les incidents
« contentieux du procès.

« Le pouvoir du président est, comme l'indique
« l'expression elle-même, un pouvoir discrétion-
« naire pour des cas que la loi n'a pu prévoir, et
« que pour cette raison elle a laissé à sa prudence.

« Ce pouvoir est absolu, non sujet à révision,

« ni à contrôle, ni à discussion : le juge ne doit
« jamais être lié dans son exercice par la chose
« jugée, par des arrêts. Ce pouvoir doit garder
« une entière liberté.... ; il est commis à la pensée
« intime qui dirige les débats..., à ses affections
« intimes qu'il y aurait danger même de laisser
« pénétrer ; le juge ne doit aucun compte de ses
« motifs ; lui seul doit savoir pourquoi il ac-
« corde...., pourquoi il refuse.

« Pour tous les points qui appartiennent à ce
« pouvoir discrétionnaire, il est la pensée agis-
« sante de l'accusation ; c'est la vie de la loi....;
« la loi non muette, mais la loi vivante introduite
« au sein des débats. La forme d'arrêt qui serait
« appliquée à des questions qui dépendent du
« pouvoir discrétionnaire détruirait ce système.
« L'arbitraire donné à plusieurs hommes est tou-
« jours plus dangereux que lorsqu'il n'est confié
« qu'à un seul, car dès qu'il y a délibération entre
« plusieurs, il n'y a plus cette responsabilité qui
« pèse sur le magistrat. En un mot, quand la
« cour d'assises substitue ses arrêts à la décision
« du président, il y a deux excès de pouvoir en
« sens contraire ; le président abdique le pouvoir
« qu'il a..., et la cour se saisit d'un pouvoir
« qu'elle n'a pas.

« Attendu, dit la cour de cassation dans son

« arrêt en date du 14 février 1838, que les pou-
« voirs conférés au président des assises par les
« art. 268 et 270 C. I. C., sont distincts et sé-
« parés de ceux attribués aux cours d'assises...;
« qu'ils sont incommunicables, puisque la loi en
« charge exclusivement l'honneur et la conscience
« du président; qu'elle ne s'en remet qu'à sa
« décision et à sa prudence pour tous les cas qui
« peuvent être utiles à la manifestation de la vé-
« rité ; — que la loi ne donne également qu'à ce
« magistrat la direction des débats et la déter-
« mination de l'ordre et de la manière dont les
« témoins doivent être entendus...., etc. »

Voilà le pouvoir du président dans toute son
étendue.

Le débat doit être oral.

Il est encore un principe qui doit appeler l'attention du président d'une manière toute spéciale.

Le débat doit être oral, à peine de nullité.
Ainsi l'a décidé la cour de cassation.

« Attendu, en droit, que la déposition doit être

orale, spontanée et indépendante de toute l'influence que pourrait exercer sur l'esprit d'un témoin la déposition qu'il a faite antérieurement; que la lecture des dépositions ne peut jamais être faite qu'après l'émission de la déposition orale et comme moyen de comparaison et afin d'en constater l'exactitude; que hors les cas prévus par la loi, c'est sur la déposition orale que la conviction doit se former, et qu'il n'est pas permis de prévenir ou de diriger cette conviction, avant la déposition orale, en faisant lire la déposition d'un témoin qui a comparu pour être entendu. » Jur. Const.

Toutefois il a été apporté quelques modifications à la rigueur de ce principe par l'application du pouvoir discrétionnaire. Le président est autorisé à lire très-exceptionnellement, avant l'audition d'un témoin, sa déposition écrite, à raison seulement de l'OPPORTUNITÉ. Il est donc nécessaire de faire mention dans le procès-verbal du motif de la mesure.

OBS. — Du reste, c'est ordinairement dans l'interrogatoire d'un accusé qu'on a l'occasion de donner lecture de la déposition d'un témoin. Pour éviter l'inconvénient signalé dans l'arrêt de la cour de cassation et rester dans les termes de la jurisprudence, le président, au moyen des notes qu'il a prises, peut rappeler d'une manière générale les faits et les circonstances dont doit déposer le témoin, en faisant pressentir à l'accusé que les débats viendront établir l'accusation sur ce point.

Il est encore de principe (art. 129 *C. M.*), que les débats doivent être continués sans interruption et ne peuvent être suspendus que pour le repos nécessaire aux juges, aux témoins et à l'accusé, ou dans le cas de l'absence d'un témoin dont la déposition est importante, d'une fausse déposition, ou lorsqu'un fait essentiel reste à éclaircir.

La suspension est alors prononcée par le conseil de guerre et l'article cité en règle la durée ainsi que les mesures à ordonner.

Droit du conseil d'annuler une partie des débats.

Nous terminerons, en ce qui concerne ces principes généraux, par rapporter un arrêt qui présente une grande importance pour un président et les juges qui l'assistent.

Cet arrêt autorise dans certains cas l'annulation d'une partie des débats, alors qu'une nullité radicale, dont la défense aurait, avec raison, le droit de s'emparer, s'y est glissée.

Le texte de cet arrêt en fera suffisamment apprécier toute la portée.

« Attendu que le juge, gardien de la loi, doit veiller soigneusement aux formalités qu'elle prescrit ; que s'il lui arrive d'omettre une formalité, cette irrégularité ne constitue pas un droit acquis, lequel ne se forme que par la décision qui intervient ; que le retour à l'observation de la loi étant toujours favorable , tant que la mission du juge n'est pas terminée, il est encore à temps de réparer l'erreur qu'il a commise et de rentrer dans les voies légales. »

Obs. — Il ne faudrait pas cependant que les débats fussent tellement avancés que la position de l'accusé se trouvât *aggravée* par cette mesure.

Le président, avant le jour de l'audience, a dû examiner les procédures avec toute l'attention que provoque la responsabilité qui pèse sur lui, car, on ne peut se le dissimuler, la conduite des débats exerce toujours une grande influence sur ceux qui les suivent, soit par devoir, soit par l'intérêt que présente toujours une discussion en matière criminelle.

SECTION III.

De l'examen et du jugement.

Réunion du conseil de guerre.

Le conseil (art. 113 *C. M.*) se réunit au jour et à l'heure fixés par l'ordre de convocation. Des exemplaires des codes de justice militaire, d'instruction criminelle et pénal ordinaire sont déposés sur le bureau pour y avoir recours au besoin.

Les assistants (art. 118 *C. M.*) sont sans armes ; ils se tiennent découverts dans le respect et le silence.

Le président (art. 117 *C. M.*) fait amener l'accusé, lequel comparaît sous garde suffisante, libre et sans fers, assisté de son défenseur.

Toutefois le président, par mesure de police, peut ordonner de prendre envers l'accusé toutes les mesures de sûreté qu'il juge convenables.

La séance peut commencer hors la présence du défenseur; la dignité du conseil ne doit pas lui permettre d'attendre, et les sentiments de convenance qui animent les défenseurs leur en font un devoir; cependant si, par suite d'une circonstance imprévue, le défenseur n'était pas présent et qu'il fût certain qu'il a eu connaissance du choix qui a été fait de lui, le président devrait désigner soit un autre membre du barreau, soit un militaire pour assister aux débats jusqu'à son arrivée, et le tenir au courant de ce qui s'est passé.

Le président, d'après un usage constant, annonce :

LA SÉANCE EST OUVERTE

Ou reprise, si c'est une continuation des débats.

Désignation d'un interprète.

C'est aussitôt après l'ouverture de la séance, et avant de constater l'identité de l'accusé, que le président doit, aux termes des art. 332 et 333 *C. I. C.*, désigner un interprète à l'accusé dans le cas où il parlerait une langue ou un idiome étranger, ou s'il est sourd-muet.

L'interprète doit être âgé de *vingt et un ans au moins*. Il doit prêter *serment* en ces termes :

Je jure de traduire fidèlement les discours a transmettre entre ceux qui parlent des langages différents.

Avant la prestation de serment, l'accusé et le procureur général pourront récuser l'interprète en motivant leur récusation. La cour prononcera.

L'interprète ne peut être pris parmi les *témoins* et les *juges*.

Trois des formalités énoncées dans les articles qui précèdent sont prévues a peine de nullité. Ce sont celles qui se rapportent à *l'âge*, au *ser-*

ment de l'interprète et aux personnes qu'on doit s'abstenir d'appeler, les *témoins* et les *juges*.

Nous devons citer ici quelques principes qui découlent d'une interprétation rationnelle de la loi. Ainsi : « Lorsque le président fait donner lecture des dépositions écrites des témoins absents, il doit, A PEINE DE NULLITÉ, faire traduire ces dépositions par l'interprète. » Jurisp. Const. Mais « la traduction des développements oralement donnés par le ministère public n'est pas essentiellement nécessaire à la défense, à la différence toutefois des *réquisitions* proprement dites : « Attendu que les développements donnés par le ministère public sont discutés par la défense, et qu'aucune disposition de la loi n'exige, A PEINE DE NULLITÉ, que les développements qui ne sont pas des dépositions soient traduits. » C. C., 24 février 1844. Ce principe est également applicable au réquisitoire du ministère public.

L'interprète désigné au *sourd-muet* doit être la personne qui a le plus d'habitude de converser avec lui ; dans le cas où il saurait écrire, le greffier écrira les questions et les observations qui seront faites ; elles seront remises à l'accusé, qui donnera par écrit ses réponses et ses déclarations, et il sera fait lecture du tout par le greffier.

Sur ce point, la jurisprudence de la cour de cassation a décidé que l'art. 333, *C. I. C.*, qui prescrit que le président nommerait au sourd-muet, pour son interprète, la personne qui a le plus d'habitude de converser avec lui « ne faisait pas obstacle à la nomination d'une autre personne, dans le cas où celle-ci ne serait pas présente, et qu'on pouvait même désigner un *témoin déjà entendu*, si c'est la seule personne qui puisse remplir la condition. »

Constatation de l'identité de l'accusé.

C'est après que ces formalités auront été remplies, que le président (art. 117, *C. M.*) constate l'identité de l'accusé, et lui demande :

Ses *nom — prénoms — âge — profession — demeure — et lieu de naissance.*

Si l'accusé refuse de répondre, il doit être passé outre.

En effet, le refus de répondre ne peut retarder le débat, soit que ce refus soit exprimé par l'accusé, soit qu'il résulte de son silence. On ne peut même considérer ce refus que comme une explication négative qui ne peut être interprétée que défavorablement par le juge.

Le jugement (art. 140, *C. M.*) doit mentionner le refus de répondre, et qu'il a été passé outre.

Avertissement à l'accusé et au défenseur.

Le président (art. 121, *C. M.*) avertit ensuite l'accusé que la loi lui donne le droit de *dire tout ce qui est utile à sa défense.*

Cet avertissement, tout dans l'intérêt de l'accusé, ne peut cependant l'autoriser à excéder les bornes d'une défense respectueuse et à se livrer à des écarts qui devraient être réprimés.

Le président rappelle ensuite au défenseur *qu'il ne peut rien dire contre sa conscience ou contre le respect dû aux lois, et qu'il doit s'exprimer avec décence et modération.*

Lecture du rapport et des pièces de la procédure.

C'est aussitôt après ces avertissements que le greffier, sur l'ordre du président (art. 121, *C. M.*) doit faire la lecture : 1° De l'ordre de convocation qui saisit le conseil ; — 2° du rapport prescrit par l'art. 108, *C. M.*, et des pièces dont le président juge la lecture nécessaire.

La lecture de ce rapport a pour but d'éclairer les membres du conseil sur l'accusation ; aussi le rapport doit, ainsi que nous l'avons dit, les mettre à même d'apprécier les charges et les moyens de défense qui doivent surgir des débats et former leur conviction.

Quant à la désignation que le président peut faire des pièces dont il jugéra la lecture utile, et dont la défense est en droit de lui demander la communication, si ces pièces font partie de la procédure écrite, cette faculté dit encore le soin que le président doit apporter à l'examen consciencieux de la procédure, pour ne rien oublier de ce qui est essentiel, et mettre de côté tout ce qui ne servirait qu'à prolonger inutilement les débats.

Obs. — Nous devons faire remarquer qu'il est quelquefois convenable, pour la conduite et la clarté des débats, de conserver, soit pour une audition de témoins, soit pour l'interrogatoire, la lecture de telle ou telle pièce qui s'y trouverait plus utilement placée que dans un moment où elle serait isolée et sans point d'appui. Le président doit alors prévenir le défenseur qui réclamerait la lecture ou la communication de cette pièce, que cette lecture sera faite en temps opportun. Enfin, le président, chargé de la direction intime des débats, doit employer tous les moyens, prendre toutes les mesures qui peuvent non seulement les éclaircir, mais encore les abréger, car la lucidité ressort toujours de la précision.

Nouvel avertissement à l'accusé.

Immédiatement après la lecture du rapport et des pièces, le président doit faire connaître à l'accusé le crime ou le délit pour lequel il est poursuivi, et le prévenir qu'il va entendre les charges portées contre lui.

Exposé facultatif du commissaire impérial.

Le commissaire impérial exposera ensuite, s'il

le juge convenable, le sujet de l'accusation, ou s'en référera à la teneur de son rapport (art. 315, *C. I. C.*).

Le président donnera ensuite l'ordre au greffier de faire, à haute voix, l'appel de la liste des témoins qui devront être entendus, soit à la requête du procureur général, soit à la requête de la partie civile, soit à celle de l'accusé. Chaque témoin appelé devra constater sa présence.

Cette liste ne devra contenir que les témoins dont les noms, prénoms, profession et résidence auront été notifiés vingt-quatre heures au moins avant l'examen de ces témoins, à l'accusé par le procureur général, et au procureur général par l'accusé.

L'accusé ou le procureur général pourront, en conséquence, s'opposer à l'audition d'un témoin qui n'aurait pas été indiqué ou qui n'aurait pas été clairement désigné dans l'acte de notification.

La cour statuera de suite sur cette opposition.

Ainsi est conçu l'art. 315 *C. I. C.* qui donne lieu à l'examen de deux principes.

« La disposition suivant laquelle la liste des témoins à entendre doit être notifiée à l'une des parties *vingt-quatre heures* avant l'examen de ces témoins, n'exige point que la notification précède de vingt - quatre heures l'ouverture des débats et ne s'oppose point à ce qu'une liste supplétive soit notifiée depuis que les débats sont ouverts, pourvu que *vingt-quatre heures* se soient écoulées entre la notification et l'audition. » C. C., 24 janvier 1850.

Tel est l'esprit de la loi.

Quant à l'audition d'un témoin qui n'aurait pas été indiqué ou qui n'aurait pas été clairement désigné dans l'acte de notification, la jurisprudence a pensé que « quand il y a erreur sur le nom d'un témoin, l'audition de ce témoin, nonobstant l'opposition de l'accusé ou du ministère public, n'est point une violation de l'art. 315, s'il est certain que le témoin a été suffisamment désigné et si l'inexactitude qui pouvait exister dans l'acte de notification n'a pu induire l'accusé en erreur sur son *individualité*. » Jur. Const.

Obs. — Il résulte donc de cet arrêt: que quand il y a incident contentieux sur ce point, c'est au juge à apprécier si l'inexactitude a pu induire en erreur.

Une observation nous paraît encore trouver ici sa place.

Dans l'intérêt d'une bonne et prompte justice, le ministère public doit se montrer aussi sobre que possible de citations à témoins ; quelle nécessité en effet de faire assigner un trop grand nombre de témoins pour établir un fait, quand quelques uns peuvent suffire par la netteté et la valeur de leurs dépositions. Trop de témoins ne peuvent amener que la confusion. Le président, en vertu de son pouvoir discrétionnaire, peut d'ailleurs faire donner lecture des dépositions des témoins non assignés, qui lui paraîtraient utiles à la manifestation de la vérité.

L'art. 126 *C. M.* prévoit le cas où un témoin ne se présente pas et prescrit au conseil de guerre de passer outre aux débats ; il doit être donné lecture de la déposition du témoin absent.

La jurisprudence a décidé que, dans ce cas, à défaut de réquisitions ou réclamations, le président pouvait *seul* ordonner qu'il fût passé outre aux débats, sans qu'un arrêt fût nécessaire, et néanmoins, quoique lecture eût été donnée de sa déposition, si le témoin se présentait ultérieurement, il pourrait être entendu avec prestation de serment, la lecture de la déposition n'ayant eu d'autre but que l'opportunité.

Les art. 354 et 355 *C. I. C.* prescrivent les mesures à prendre contre un témoin régulièrement cité qui ne comparaît pas, l'amende dont il peut être frappé, enfin les condamnations pécuniaires qui doivent être prononcées contre lui, si à raison de sa non comparution, le conseil était dans l'obligation de prononcer le renvoi de l'affaire.

Observations sur les renvois.

Ce n'est que pour des motifs et des causes graves que des renvois doivent être prononcés, car en retardant le jugement des affaires, ils exposent les preuves à dépérir et laissent le plus souvent à la charge du trésor des frais inutiles.

Ordre du président de faire retirer les témoins.

Les incidents vidés, la présence des témoins constatée, le président (art. 316 *C. I. C.*) ordonnera aux témoins de se retirer dans la chambre qui leur est destinée.

Il prendra, s'il en est besoin, des précautions pour les empêcher de conférer entre eux du délit et de l'accusé, avant leur déposition.

Après sa déposition (art. 320 *C. I. C.*), chaque témoin restera dans l'auditoire, si le président n'en a ordonné autrement, jusqu'à la prononciation de l'arrêt.

Il ne résulte AUCUNE NULLITÉ de ce que les témoins sont sortis de leur chambre et ont eu, pendant les débats, communication au dehors « *l'introduction, même furtive*, d'un témoin non entendu dans l'auditoire ne peut être qu'un moyen de discussion, contre la déclaration de ce témoin, qu'il appartient au juge d'apprécier. » Juris. Const.

Rang des accusés entre eux.

Aux termes de l'art. 334 *C. I. C.*, quand il y a plusieurs accusés, le président doit déterminer celui qui sera le premier soumis aux débats ; il peut fixer ce rang comme bon il l'entendra, et commencer l'interrogatoire par le complice, si le complice doit jeter plus de clarté dans les débats que l'accusé principal.

Interrogatoire.

C'est ici, en règle générale, que l'interrogatoire de l'accusé doit avoir lieu.

Le président (art. 328 *C. I. C.*) pendant l'examen, qu'il fera subir tant à l'accusé qu'aux témoins, ne pourra être interrompu, mais il est convenable, lorsqu'il est terminé, que le président donne la parole au ministère public pour qu'il ait à présenter des observations ou à demander des renseignements qui lui paraîtraient encore utiles.

Nous allons rappeler les principes qui doivent diriger le président.

L'interrogatoire d'un prévenu ou d'un accusé est un des points les plus importants pour la manifestation de la vérité et pour bien fixer les faits.

C'est dans l'interrogatoire que le président doit rappeler à l'accusé les faits et les circonstances qui sont la base de l'accusation et le faire expliquer sur chacun d'eux, en ayant toutefois le soin de ne pas s'appesantir sur les faits insignifiants et même de laisser de côté ceux qui n'ont pas une portée directe.

C'est de la précision que jaillit la lumière : le président doit donc surtout s'attacher à réduire aux termes les plus simples ce qui est compliqué..., et à éclaircir ce qui est obscur.

Il doit rappeler à l'accusé les interrogatoires qu'il a déjà subis, et en relever les contradictions. En général, l'écueil du coupable est dans ses réponses ; il varie toujours, il ne peut pas tout prévoir ; il adopte d'abord un système, et il est obligé d'en changer à mesure que des faits ou des circonstances imprévues, dans le principe, se révèlent.

L'accusé invoque-t-il un *alibi*, le président doit chercher à établir que son allégation est démentie par des faits constants qui doivent être sommairement exposés. Mais, dans le cas d'*alibi*, il est prudent de ne faire que l'*énoncer*, pour le *discuter* ensuite à fond avec l'accusé, avant que les témoins dont la déposition a pour but de

détruire cette allégation mensongère, soient entendus; et le conseil, déjà frappé des autres circonstances, fait plus logiquement justice de ce
moyen.

Si l'accusé se renferme dans un *système de dé-
négation*, le président doit relever et faire apprécier au conseil les contradictions que peuvent
présenter les propres explications de l'accusé,
mises en opposition avec les déclarations affirma-
tives des témoins.

S'il y a *aveu*, c'est certainement une des meilleures preuves qui viennent frapper l'esprit; mais
encore faut-il, dans tout aveu, *vraisemblance*,
précision et *uniformité*; il faut surtout rechercher si c'est un aveu *forcé* par des preuves accablantes..., ou si c'est un aveu *volontaire*, dicté
par le repentir, et qui pourrait alors donner lieu à
l'indulgence.

Il est aussi du devoir du président de faire
connaître les antécédents favorables ou défavo-
rables de l'accusé, les circonstances qui peuvent
militer en sa faveur et atténuer la criminalité du
fait qui lui est imputé.

Du reste, dans l'examen ou l'interrogatoire
d'un accusé, la loi ne trace d'autres règles au

président que celles que lui dictent son honneur
et sa conscience ; et, nous lo répétons, la meilleure méthode à suivre est celle qu'on se fait, en
ne s'écartant pas des principes.

Obligation de rendre compte à l'accusé de ce qui s'est fait en son absence.

L'application légale de l'art. 327, *C. I. C.*,
nécessite quelques explications, et d'abord il
nous parait nécessaire d'en rapporter le texte.

« Le président pourra, avant, pendant ou
« après l'audition d'un témoin, faire retirer un
« ou deux accusés et les examiner séparément
« sur quelques circonstances du procès ; mais il
« aura soin de ne reprendre la suite des débats
« généraux qu'après avoir instruit chaque accusé
« de ce qui se sera fait en son absence et de ce
« qui en sera résulté. »

Ce qu'il y a surtout d'important à retenir, c'est
l'obligation imposée au président de rendre
compte à chaque accusé de ce qui se sera fait
en son absence : c'est là une *formalité substantielle.*

S'il n'y a qu'un accusé, l'explication est simple : le président le fait sortir de l'audience pour entendre un témoin : ce témoin entendu, il rend compte à l'accusé de ce qui s'est passé ou dit en son absence avant d'entendre le témoin qui suit. La jurisprudence a même admis sur ce point « que lorsque le président, ayant procédé à l'audition d'un témoin, a ordonné la rentrée de l'accusé et a prescrit au témoin de répéter sa déposition orale, le vœu de l'*article* 327 était suffisamment rempli, puisque tout ce qui s'était passé, tout ce qui avait été fait en l'absence de l'accusé ou des accusés, se réduisant à la déposition orale d'un témoin, cette déposition avait été répétée en sa présence. »

S'il y a plusieurs accusés, le président peut les examiner séparément, en l'absence l'un de l'autre, et le compte de ce qui s'est dit ou passé doit seulement être rendu avant la reprise des débats généraux, c'est-à-dire avant l'audition du témoin qui doit être entendu.

Cette obligation du président est, en matière criminelle, une formalité dont le défaut d'accomplissement entraîne NULLITÉ, ainsi que l'ont décidé plusieurs arrêts de la Cour de cassation. En effet, le principe de toute accusation est la loyauté, et il y aurait surprise à ne pas rendre compte aux accusés de tout ce qui s'est passé en leur absence.

Il est encore une explication qui doit trouver ici sa place et qui résulte de l'art. 326, *C. I. C.*, qui indique que l'accusé, le procureur général et le président, pourront, après que des témoins auront déjà déposé, les entendre, soit séparément, soit en présence les uns des autres ; mais, dans ce cas, aucun compte ne doit être rendu au témoin de ce qui se sera passé en son absence.

Audition des témoins. Ordre de leur audition.

Deux explications, puisées dans la jurisprudence, sont nécessaires avant d'arriver à l'audition des témoins : la première, sur l'ordre dans lequel ils doivent être entendus ; la seconde, sur la représentation qui doit être faite à l'accusé et aux témoins des pièces de conviction.

L'art. 317 *C. I. C.* porte que les témoins déposeront *séparément* l'un de l'autre, dans *l'ordre* établi par le procureur général.

La première partie est *impérative* : quant à la seconde, la jurisprudence a établi « qu'il était facultatif au président, en vertu de son pouvoir discrétionnaire, d'intervertir cet ordre en tout ou en partie. »

Obs. — Dans les affaires importantes, il est une méthode dont je me suis toujours bien trouvé, qui est de rédiger, d'accord avec le ministère public, la liste des témoins dans l'ordre où ils doivent être appelés. Cette précaution dispense de tout avertissement à la défense que l'ordre, fixé par le procureur général, est interverti.

Représentation des pièces de conviction.

Suivant l'art. 329 *C. I. C.*, dans le cours, ou à la suite des dépositions des témoins, le président fait représenter à l'accusé toutes les pièces relatives au délit et pouvant servir à conviction ; il doit l'interpeller personnellement s'il les reconnaît, il doit en être de même pour les témoins, s'il y a lieu.

Le défaut de représentation et des interpellations prévues par cet article *n'emporte pas nullité*, puisque, ces pièces étant déposées sur le bureau, le défenseur ou l'accusé peuvent toujours en pro-

voquer l'examen. Il est cependant nécessaire que
les pièces de conviction soient mises en évidence.

Serment des témoins.

A peine de nullité (art. 140 *C. M.* et 317 *C.
I. C.*) le président doit faire prêter serment au témoin en ces termes :

Vous jurez de parler sans haine et sans crainte,
de dire toute la vérité et rien que la vérité.

Le témoin doit répondre, la main levée et découverte :

JE LE JURE.

Je le promets, ne remplit pas les prescriptions
de la loi.

Une jurisprudence constante a posé les principes suivants :

« Il ne résulte aucune nullité de ce que les enfants âgés de moins de quinze ans ont prêté serment. » En cas de doute sur l'âge, il est prudent
de l'exiger.

« Tout condamné à une peine afflictive et infamante, quoiqu'il ait été gracié, doit déposer sans prestation de serment, et à titre de simple renseignement. »

« Le témoin condamné pour crime, mais à qui il n'a été appliqué que des peines correctionnelles, par l'admission des circonstances atténuantes, doit prêter serment. »

« Les Israélites appelés comme témoins ne peuvent, lorsqu'ils ne le demandent point, être soumis à une autre forme de serment que celle tracée par la loi ; s'ils le demandent, le serment *more judaïco* est valable. »

Interpellations aux témoins.

Le président (art. 317 *C. I. C.*) demandera ensuite au témoin ses *nom — prénoms — son âge — sa profession — le lieu de son domicile ou de sa résidence.*

S'il connaissait l'accusé avant le fait mentionné dans le rapport ; s'il est parent ou allié, soit de l'accusé, soit de la *partie civile*, et à quel dégré, et s'il n'est pas attaché au service de l'un ou de l'autre.

Un interprète peut être donné au témoin, en se conformant aux prescriptions de l'art 332 C. I. C.

Quoique le président doive remplir personnellement toutes les fonctions qui tiennent à la direction des débats, rien ne s'oppose à ce que, fatigué, il charge un des assesseurs de faire les interpellations ci-dessus énoncées.

Quant à la *partie civile* dont il est question dans cet article, nous devons rapporter la jurisprudence en ce qui la concerne :

« La partie civile qui est intervenue en cette qualité devant la Cour d'assises et même pendant les débats, ne peut, quand elle est appelée à déposer, être entendue sous la foi du serment, même lorsqu'un arrêt ordonne sa comparution, mais seulement à titre de renseignement, parce que l'arrêt n'a pu vouloir et n'a pu dire qu'elle abdiquerait cette qualité, et que, contrairement aux règles de droit, elle viendrait, sous la foi du serment, porter témoignage dans sa propre cause. »

Le président invitera ensuite le témoin à faire sa déposition, tant sur les faits principaux et leurs circonstances, que sur les antécédents et la moralité de l'accusé. Nous avons déjà établi que le témoin ne pouvait pas lire sa déposition; mais rien ne s'oppose à ce qu'il cherche une date, etc. etc.

De l'audition des témoins au degré prohibé.

L'art. 322 *C. I. C.* désigne ensuite quels sont les témoins au degré prohibé, ou les dénonciateurs dont les dépositions ne pourront pas être reçues, sans néanmoins que l'audition de ces personnes puisse opérer NULLITÉ, lorsque, soit le procureur général, soit la partie civile, soit les accusés, ne se sont pas opposés à ce qu'elles soient entendues.

Ces dispositions ont souvent une importance réelle et sont la base de l'accusation; aussi la jurisprudence de la Cour de cassation a-t-elle donné au pouvoir discrétionnaire le droit de les entendre sans prestation de serment, à titre de renseignement, nonobstant de précédents arrêts qui avaient décidé qu'elles ne seraient pas entendues « attendu que le président, sur son honneur et sa conscience, peut prendre sur lui tout ce qu'il croit nécessaire à la manifestation de la vérité et répandre un jour utile sur les faits contestés. »

Il a encore été décidé que, « quand il y a opposition à l'audition d'un témoin au degré prohibé, la circonstance qu'il avait prêté serment ne fait pas obstacle à ce qu'il soit entendu à titre de renseignement, pourvu que le président fasse observer que le serment doit être considéré comme non avenu. »

Notes qui doivent être tenues sur les variations ou additions d'un témoin.

Le président (art. 318, *C. I. C.*) fera tenir note, par le greffier, des additions, changements et variations qui pourraient exister entre la déposition d'un témoin et ses précédentes déclarations. (art. 140, *C. M.*)

Le ministère public et l'accusé peuvent requérir le président à cet effet.

La Cour de cassation a posé ce principe que si le témoin n'avait pas déjà été entendu dans l'instruction écrite et comparaissait sur citation directe, il ne pouvait être tenu note de changements, d'additions et de variations qui n'existaient pas, et que les notes tenues d'une *déclaration nouvelle* opéraient NULLITÉ.

Nous croyons devoir rappeler que la loi et la jurisprudence défendent expressément qu'il soit tenu aucune note des réponses d'un accusé (art. 140, *C. M.*).

Après chaque déposition (art. 319, *C. I. C.*) le président demandera au témoin si c'est de l'accusé présent qu'il a entendu parler ; il demandera ensuite à l'accusé s'il veut répondre à ce qui vient d'être dit contre lui.

Ces interpellations ne sont pas prescrites à peine de *nullité* (Juris. Const.); cependant, il est convenable de les adresser lors d'une déposition importante.

Le témoin ne pourra être interrompu ; l'accusé ou le défenseur pourront le questionner par *l'organe* du président, après sa déposition.

Obs. — Il est admis que le président peut les autoriser à adresser eux-mêmes la question.

Ils pourront ensuite dire, tant contre le témoin

que contre son témoignage, tout ce qui pourra être utile à la défense de l'accusé.

Le président, les juges et le procureur général pourront demander aux témoins et à l'accusé tous les éclaircissements qu'ils croiront nécessaires à la manifestation de la vérité, *en demandant la parole au président.*

La partie civile ne pourra faire de questions que par *l'organe* du président.

Arrêt important pour la conduite des débats.

Les prescriptions de cet article ne nécessitent aucune explication, mais nous devons citer un arrêt de la Cour de cassation dont les principes reçoivent souvent leur application.

« Le président n'excède pas ses pouvoirs, quand
« il refuse au défenseur de faire des observations
« sur la déposition d'un témoin, en motivant ce
« refus sur ce que les observations seront plus
« convenablement placées dans la discussion de la
« défense. La loi porte, en effet, que le président
« devra rejeter tout ce qui tendrait à prolonger les
« débats sans donner lieu d'espérer plus de certi-
« tude dans le résultat; d'où il résulte que c'est

« au président d'apprécier, en vertu de son pou-
« voir discrétionnaire qui le fait juge de l'utilité
« ou de la convenance des questions, et de décider
« si les observations que le défenseur veut pré-
« senter, après l'audition d'un témoin, sont de
« nature à être proposées à ce moment même,
« ou doivent être ajournées au moment où
« la défense de l'accusé sera présentée (Juris.
« Const.). »

Audition des témoins à décharge.

Après l'audition des témoins produits par le
ministère public et la partie civile (art. 321,
C. I. C.), l'accusé fera entendre ceux dont il a
notifié la liste, soit sur les faits mentionnés dans
l'acte d'accusation, soit pour attester qu'il est
homme d'honneur, de probité, et d'une conduite
irréprochable.

Les mêmes principes qui viennent d'être cités
pour les témoins à charge sont applicables aux témoins à décharge.

Nous croyons devoir faire une observation dans
l'intérêt de la défense.

Trop souvent les témoins à décharge viennent à l'appui de l'accusation, par le motif qu'ils sont appelés par le défenseur sur des indications vagues, quand elles ne sont pas erronées. Ce n'est donc qu'avec une extrême circonspection que le défenseur doit se rendre au désir de l'accusé de faire assigner des témoins.

Réquisitoire.

La liste des témoins étant épuisée, le président (art. 130, *C. M.*) doit donner la parole au commissaire impérial, pour développer les moyens de l'accusation et être entendu dans ses réquisitions.

Voir les règles et les principes qui doivent le diriger.

Ministère public.

Le ministère public est le soutien de l'accusation et l'adversaire direct de l'accusé, mais il n'est point, comme la partie civile, son adversaire personnel ; il est l'homme de la loi, de la justice, de la société. Si les faits résultant des débats viennent combattre ou militer, en faveur de l'accusé, les imputations qui ont donné lieu aux poursuites, il est de son devoir de les rappeler, lorsqu'ils lui paraissent susceptibles d'influer sur la décision des juges, et c'est la partie la plus précieuse de ses nobles fonctions; il ne doit pas même négliger les fortes présomptions qui tendraient à détruire la base de l'accusation, soit pour les combattre, s'il les considère erronées, soit pour les offrir aux méditations des juges, si elles sont de nature à démontrer l'innocence, ou tout au moins à rendre incertaine la culpabilité : c'est la vérité qu'il cherche, soit qu'elle tende à une condamnation, soit qu'elle soit favorable à l'accusé : et le seul chemin que sa conscience et la loi doivent lui indiquer, c'est de conserver la modération et la dignité qui conviennent à ses fonctions.

Il doit surtout éviter de laisser apercevoir de la passion dans la manière dont il développe l'accusation et dont il poursuit l'accusé ; le caractère dont il est revêtu n'exclut pas la chaleur, mais la chaleur ne doit pas être passionnée.

Son devoir lui prescrit de former un faisceau de

tout ce qui tend à prouver l'existence du crime, ou la culpabilité de celui ou de ceux qu'il en regarde comme les auteurs ou complices ; de ne rien négliger de tout ce qui peut concourir à la manifestation de la vérité qu'il recherche ; la sévérité de son ministère lui prescrit d'être exact et soigneux dans la réunion des moyens qui appuient l'accusation... ; ferme et pressant dans l'exposé qu'il en donne... ; inflexible dans les conséquences qu'il en tire : mais cette exactitude, cette fermeté, cette inflexibilité doivent être dirigées par l'esprit de justice ; il ne doit avoir qu'une intention, celle d'éclairer la justice, et doit être disposé à demander l'absolution d'un innocent, comme à réclamer avec force la punition d'un coupable.

Enfin, la mission du ministère public est de réprimer les méchants, de rassurer les bons et de veiller sans cesse au maintien de l'ordre public.

Le ministère public entendu, c'est à la défense à prendre la parole sur l'invitation du président et à présenter les moyens qui peuvent disculper l'accusé, ou au moins atténuer les charges qui pèsent sur lui.

Si le défenseur parvient à faire naître des doutes

sérieux dans l'esprit des juges, la loi, l'humanité et la morale leur font un devoir de s'abstenir.

Nous puisons dans l'opinion d'un criminaliste quels sont les droits et les devoirs de la défense.

Des droits et des devoirs de la défense.

Le défenseur ne doit point être gêné dans sa défense ; il est de son devoir de déployer toutes ses ressources pour justifier la confiance dont il est investi, — en atténuant, en combattant les preuves et les présomptions produites contre l'accusé ; — en relevant avec soin les contradictions apparentes ou réelles des témoins ; — en indiquant les invraisemblances ou les raisons de douter qui tendent à affaiblir l'accusation ; — en réunissant enfin, avec discernement, tous les moyens favorables à la défense qui naissent des débats ; — en les présentant avec méthode, avec adresse, avec force et même avec chaleur, le défenseur aura fait ce que lui prescrit l'intérêt de l'accusé qu'il est chargé de défendre ; il n'aura point agi contre l'intérêt de la société dont il est membre ; contre l'honneur de la profession qu'il exerce et de l'ordre auquel il appartient ; et sûr d'obtenir l'estime générale par cette conduite honorable;......; le degré de talent dont il aura fait preuve le fera distinguer ; il marquera sa place au barreau, et les magistrats, loin de comprimer de louables efforts, seront les premiers à y applaudir et à joindre leurs suffrages au suffrage public.

Mais si, dénaturant les faits reconnus, au lieu de s'attacher à en pallier la gravité, et si, s'abandonnant à des digressions étrangères à la cause, au lieu de l'examiner sous ses divers aspects ; si surtout, avançant avec audace des principes erronés pour en tirer d'absurdes conséquences, et, cherchant à surprendre la religion du juge par des subtilités dangereuses..., par des propositions indiscrètes, que repoussent également la raison, la morale et la justice..., le défenseur trahit l'obligation qu'il avait contractée de ne rien dire contre sa conscience et contre le respect dû aux lois...; s'il oublie les égards qu'il doit aux organes de la loi, et qu'il se livre, dans le sanctuaire même de la justice, à des emportements répréhensibles, il nuit à la cause de son client en même temps qu'il se nuit à lui-même par sa mauvaise foi et la fausseté de ses raisonnements ; il oublie ainsi le ministère qui lui est confié, et s'expose à ne recueillir, dans une carrière si féconde en succès et en triomphes, que le blâme public et la censure des magistrats qui sont chargés spécialement de réprimer de pareils écarts.

Dans la contradiction qui s'établit entre le ministère public et le défenseur, ce dernier ne doit jamais s'écarter du respect qu'il doit à la magistrature. Il n'est cependant pas sans exemple que la contradiction établie entre eux ait donné lieu, de la part des défenseurs, à des écarts subversifs de l'influence salutaire qu'il importe de conserver au magistrat chargé de l'action publique. Si de tels abus n'étaient pas sévèrement réprimés, si les tribunaux cessaient de donner la règle et la mesure qui sont dues à ce ministère, le public, le confondant bientôt avec celui des défenseurs les plus mercenaires, oublierait qu'il n'a d'autre intérêt que la vérité; — d'autre ambition que le bien public...; d'autre passion que la justice; et la plus noble comme la plus utile de toutes les fonctions, réduite à l'impuissance, n'aurait plus qu'à laisser la société en proie à ses désordres.

Qu'il soit fait une large part à la latitude de la défense, mais il faut poser des bornes au-delà desquelles la liberté dégénèrerait en licence.

Les juges composant le conseil de guerre étant

tout à la fois juges du fait et du droit, on ne saurait interdire au défenseur de s'occuper de la question pénale dans sa plaidoirie et ses observations.

Rappelons encore quelques principes.

« Une cour d'assises ne fait que se conformer à la loi et ne porte point atteinte à la liberté de la défense, en interdisant à un défenseur de plaider et de se prévaloir, comme d'un fait d'excuse, de l'ivresse d'un accusé et des passions qui l'animaient au moment de la perpétration du crime. » Juris. Const. V. au mot IVRESSE, 3ᵉ partie.

« La défense n'est pas complète, et dès lors les DÉBATS sont NULS, lorsqu'un témoin a été appelé, ou une pièce produite en vertu du pouvoir discrétionnaire, après la plaidoirie du défenseur, et que l'accusé ou son conseil n'ont pas été mis à même de s'expliquer sur ces nouvelles dépositions. » Jurisp. Const.

Avertissement à l'accusé.

Le président (art. 130 *C. M.*) doit ensuite interpeller l'accusé *s'il n'a rien à ajouter à sa défense.*

C'est là une formalité *substantielle*, parce qu'elle touche aux droits de la défense que l'accusé peut invoquer pour la dernière fois. Toutefois il a été décidé que « l'avertissement que le président doit donner à l'accusé devient superflu si le défenseur, prenant l'initiative, déclare s'en rapporter à la sagesse du conseil ; en effet, le défenseur agréé par l'accusé s'identifie avec ce dernier, dans ce sens que c'est de l'accusé que cette réponse est censée émaner. » Jurisp. Const.

Clôture des débats.

Le président déclarera ensuite que

LES DÉBATS SONT TERMINÉS.

La jurisprudence a encore admis que « le

président peut rapporter son ordonnance pour entendre un témoin qui demande à rectifier sa déposition ; dans ce cas ou dans tout autre qui pourrait se présenter, il ne fait qu'user du droit que lui confère le pouvoir discrétionnaire dont il est investi. La rectification faite, l'accusé et le défenseur *doivent être mis* en demeure de présenter leurs observations. Une nouvelle ordonnance de *clôture des débats* doit ensuite être prononcée. » (Juris. Const.)

Délibération du conseil.

Conformément à l'art. 131 *C. M.*,

Le président fait retirer l'accusé.

Les juges se rendent dans la chambre du conseil, ou, si les localités ne le permettent pas, le président fait vider l'auditoire.

Les juges ne peuvent plus communiquer avec personne ni se séparer avant que le jugement ait été rendu ; ils délibèrent hors de la présence du commissaire impérial et du greffier.

Ils ont sous les yeux les pièces de la procédure.

Le président recueille les voix en commençant par le grade inférieur ; il émet son opinion le dernier.

Quant aux principes qui doivent dominer lorsque le conseil est retiré dans la chambre de ses délibérations, nous ne pouvons rien faire de mieux que de rappeler les dispositions de l'art. 342 *du Code d'instruction criminelle.*

« La loi ne demande pas compte aux jurés des moyens par lesquels ils se sont convaincus ; elle ne leur prescrit point de règles par lesquelles ils doivent particulièrement faire dépendre la plénitude ou l'insuffisance d'une preuve ; elle leur prescrit de s'interroger eux-mêmes dans le silence et le recueillement et de chercher, dans la sincérité de leur conscience, quelle impression ont faites sur leur raison les preuves rapportées contre l'accusé et ses moyens de défense. La loi ne leur dit point : *Vous tiendrez pour vrai tout fait attesté par tel ou tel nombre de témoins ;* elle ne leur dit pas non plus : *Vous ne regarderez pas comme suffisamment établie toute preuve qui ne sera pas formée de tel procès-verbal, de telle pièce, de tant de témoins ou de tant d'indices ;* elle ne leur fait que cette seule question qui renferme toute la mesure de leurs devoirs : AVEZ-VOUS UNE INTIME CONVICTION ? »

Position des questions.

L'art. 132 *C. M.* règle l'ordre dans lequel les questions doivent être posées par le président.

Voici sur ce point important les règles et la jurisprudence qui nous paraîtraient devoir être suivies et n'entraîneraient, à notre avis, aucune nullité.

Quoique aucun texte de loi ne prescrive au président la lecture des questions qui doivent être soumises au conseil, cette lecture est cependant obligatoire devant les cours d'assises. Elle nous paraît même résulter de la saine interprétation des art. 132 et 140 *C. M.* ; c'est seulement alors que l'accusé ou son défenseur peut demander la position d'une question d'excuse ou d'une question subsidiaire qui peut échapper à l'attention consciencieuse du conseil, lorsque des conclusions n'ont pas été prises à cet effet, et c'est alors que le défenseur pourrait présenter

6

des observations sommaires qui auraient le mérite de l'actualité.

De la position des questions.

Le plus grand soin doit être apporté dans la
position des questions pour repousser toute complexité, toute ambiguité; elles doivent être soigneusement *divisées* et *répétées* pour chaque
accusé; la loi criminelle prononce la NULLITÉ de
la procédure quand il en est autrement. *La division est le principe, l'exception* n'existe que
dans des cas extrêmement rares;

Ainsi la cour de cassation a toujours décidé
que :

« Attendu que s'il résulte de la loi que les
questions soumises au jury doivent porter sur le
fait principal d'abord et s'il y a lieu sur chacune
des circonstances aggravantes, l'observation de
cette règle n'est pas indispensable, A PEINE DE
NULLITÉ, lorsque par leur nature ces circonstances
se confondent pour ainsi dire l'une avec l'autre,
comme lorsqu'il s'agit de la *préméditation et du
guet-apens* qui ont entre elles une telle simili-

tude qu'on peut les considérer comme identiques, puisque chacune d'elles constitue un dessein réfléchi qui a précédé l'exécution du crime et entraîne contre l'accusé les mêmes conséquences pénales. »

Un exemple puisé dans la jurisprudence fera mieux apprécier ces principes sous un double point de vue.

« Dans le cas prévu par l'art. 331 C. P., l'attentat à la pudeur sans violence, la circonstance de l'âge de la victime est constitutive du crime et ne doit pas faire l'objet d'une question séparée. »

« Dans les autres cas d'attentats à la pudeur avec violence, l'âge de la victime est une circonstance aggravante du fait qui entraîne une peine plus forte et la question doit être divisée. »

Telles sont les règles qui doivent guider le conseil dans l'application de l'art. 132 du Code militaire.

V. au mot *Questions.*

Ces principes peuvent encore être envisagés d'une autre manière ; ainsi :

« S'il résultait des débats que le fait fût dégénéré et ne constituât plus le crime ou le délit tel qu'il ressortait de la position de la question consignée au rapport du commissaire impérial, et que, pour ce motif, cette question pût être résolue négativement, il serait du devoir du président de poser d'office une question subsidiaire contenant la constatation des faits établis par les débats, et rentrant, bien entendu, *dans la question principale*, afin de purger, dans son entier, l'accusation et éviter ainsi de donner lieu à de nouvelles poursuites. »

Citons quelques espèces :

« Une question d'homicide volontaire ou meurtre, qualifiée crime, peut dégénérer en celle de coups et blessures volontaires, qui ne constitue qu'un délit.

« Une question d'attentat à la pudeur avec violence ou sans violence peut dégénérer en outrage public à la pudeur. »

On voit que toutes ces questions subsidiaires rentrent dans la question principale.

Le président doit poser ces questions d'office ;

il est alors nécessaire de faire mention qu'elles résultent des débats. S'il y a discussion, le conseil est appelé à délibérer, et doit ordonner, par un jugement, le rejet ou le maintien de la question.

Obs. — Le président doit combiner la position des questions de manière à ce qu'elles renferment en elles-mêmes les caractères constitutifs du crime ou du délit : dans ce but, il peut rectifier ou faire rectifier par le conseil, s'il y a incident contentieux, les indications erronées ou modifiées par les débats, telles qu'une date, un chiffre, un nom. Il en est de même si, dans une question de coups et blessures, le mot *volontaire* a été omis ; le président doit l'ajouter, la *volonté* étant l'élément constitutif du délit.

S'il s'agit d'une soustraction, il doit ajouter, par le même motif, *frauduleuse*.

Questions d'excuse.

Nous arrivons aux questions d'excuse qui méritent toute l'attention du conseil.

Le caractère de l'*excuse* appartient à tout fait qui, d'après les dispositions de la loi, est de na-

ture à *atténuer*, *modifier* la peine encourue par
le crime ou délit, objet de l'accusation.

La *provocation* est une *excuse* qui atténue la
peine, mais n'en exempte pas le coupable ; la
violence peut excuser la violence, mais ne la justifie pas.

Cependant, si les coups peuvent justifier même
l'homicide, dans le cas de *légitime défense*, c'est
que les coups alors cessent d'être qualifiés de
provocation.

Il est un genre d'excuse qui est *péremptoire*
et qui est assimilé au cas de légitime défense. Il
n'emporte aucune responsabilité pénale, et une
jurisprudence constante l'a admise.

C'est la *contrainte* prévue par l'art. 64 du Code
pénal. (Art. 202 *C. M.*)

« La responsabilité pénale doit être exclue de
la contrainte morale à laquelle il y a impossibilité
de résister, mais la jurisprudence a refusé d'admettre le moyen de justification tiré de l'obéissance due au maître par le domestique ou le commis, parce que ce moyen ne peut être considéré
que comme une circonstance justificative que le

juge peut seulement apprécier dans l'application de la peine. »

L'admission des questions d'excuse prévue par l'art. 132 *C. M.* est moins *impérative* que dans le Code d'instruction criminelle (art. 339). Il ne suffit pas que le fait, admis comme tel par la loi, soit *proposé* par l'accusé, mais le conseil doit rechercher si l'excuse résulte des éléments du fait tel qu'il est allégué par la défense.

Cette question ne doit être posée par le président, d'office, ou par le conseil de guerre, que dans les cas et dans les circonstances où la loi déclare le fait excusable, conformément à l'art. 321 du Code pénal : la provocation par des coups ou violences graves.

Le fait ainsi articulé, il serait du devoir du conseil, de poser cette question qui, par son résultat affirmatif, amènerait une atténuation dans la pénalité, sauf à la résoudre dans un sens contraire par l'appréciation des circonstances sur lesquelles on la fonderait.

La question d'excuse devant le conseil de guerre peut être posée tant sur les réquisitions du ministère public que sur les conclusions de l'accusé.

Une jurisprudence constante a refusé, avec raison, d'attribuer le caractère et l'effet de la provocation à de simples menaces par gestes et paroles : des coups ou des violences graves sont nécessaires pour constituer la provocation légale.

En terminant ce que nous avions à dire sur les questions d'excuse, nous pensons que cette question devrait être posée ainsi, pour mettre toujours le juge à même de répondre *oui*, quand il y a décision contre l'accusé, et ne lui laisser aucun embarras d'interprétation :

Le crime ou le délit ci-dessus mentionné a-t-il été commis sans avoir été provoqué par des coups ou violences graves contre l'accusé ?

V. au mot *Provocation*.

Est-il nécessaire de poser une question d'excuse dans le cas de légitime défense ?

Non.

Voici, à cet égard, la jurisprudence de la cour de cassation.

La légitime défense ne constitue point une

question d'excuse qui doive être posée séparément, même sur la demande de l'accusé, cette question se trouvant naturellement comprise dans celle de la culpabilité. L'art. 327 *C. P.* s'exprime ainsi :

« Il n'y a ni crime ni délit lorsque l'homicide, les coups et les blessures étaient ordonnés par la loi et commandés par l'autorité légitime. » V. au mot *Légitime défense*, 3e partie.

Il en est de même de l'excuse fondée sur la démence.

L'ivresse ne peut également jamais être admise comme une excuse :

Une faute ne peut jamais excuser un crime ou un délit, mais dans quelques circonstances rares, elle peut ouvrir la porte à l'indulgence.

V. au mot *Ivresse*, 3e partie.

Quant à la peine à prononcer contre les individus âgés de moins de *seize* ans (art. 132 *C. M.*), s'il est décidé qu'ils ont agi *sans discernement*, elle est modifiée par l'art. 66 du Code pénal ;

Si le conseil déclare qu'ils ont agi *avec discernement*, la pénalité est régie par l'art. 67 du même Code.

De la déclaration de culpabilité et des circonstances atténuantes.

Art. 134 *C. M.* — Si l'accusé est déclaré coupable, le conseil de guerre délibère sur l'application de la peine.

La peine est prononcée à la majorité de cinq voix contre deux.

Si aucune peine ne réunit cette majorité, l'avis le plus favorable sur l'application de la peine est adopté.

Dans le cas où la loi autorise l'admission des circonstances atténuantes, si le conseil de guerre reconnaît qu'il en existe en faveur de l'accusé, il le déclare à la majorité absolue des voix.

Les trois premiers paragraphes de cet article ne peuvent donner lieu à aucune observation, car ce n'est que l'exécution d'un principe d'honneur et de conscience ; il n'en est pas de même du quatrième paragraphe qui concerne le rejet ou l'admission des circonstances atténuantes.

Ainsi il est de principe absolu en matière criminelle ordinaire, que toutes les fois qu'il y a décision contre l'accusé, les circonstances atténuantes doivent être examinées;

Par un sentiment d'humanité, cette question, quoique non écrite, est toujours censée posée.

Cette obligation se rattache encore, autant à l'intérêt de la société, pour que l'application de peines trop rigoureuses n'amène pas l'impunité, qu'à l'intérêt de l'accusé; intérêt qui a fixé l'attention du législateur, puisque la majorité absolue est seule nécessaire pour leur admission.

Un principe rationnel a également établi que les circonstances atténuantes pouvaient être admises pour un accusé et refusées pour un autre; pour l'accusé principal et rejetées pour le complice qui, le plus souvent, est l'instigateur du crime, par conséquent celui qui doit avoir la plus grande part de responsabilité pénale.

On le dit tous les jours, et non sans raison, il y aurait moins de voleurs, s'il n'y avait pas autant de receleurs.

S'il y a plusieurs chefs d'accusation, on peut également admettre les circonstances atténuantes pour les uns et les rejeter pour les autres.

Il est encore nécessaire, pour établir que toutes les questions ont été examinées avec le soin qu'elles comportent, que lorsqu'il y a plusieurs accusés, le conseil déclare l'admission des circonstances atténuantes pour chacun d'eux nominativement, puisque leur rejet ne doit jamais être mentionné.

En cas de plusieurs crimes ou délits (art. 135 *C. M.*), la peine la plus forte est seule prononcée.

Du jugement.

Le jugement (art. 136 *C. M.*) est prononcé en séance publique.

Le président donne lecture des motifs et du dispositif.

La loi, la cour de cassation, la jurisprudence ont proclamé de tous temps que SONT NULS, PAR DÉFAUT DE MOTIFS, TOUS ARRÊTS, MÊME CEUX RENDUS SUR INCIDENTS CONTENTIEUX.

C'est là un des principes les plus absolus ; les motifs sont l'explication du dispositif ; les motifs les plus clairs et les plus précis sont en général les meilleurs.

Condamnation.

Nous allons rappelèr dans quelle forme un jugement du conseil de guerre doit être rendu et prononcé.

Dans l'espèce, il s'agira d'un vol avec effraction dans un lieu clos.

Le président doit donner, en premier lieu, lecture des questions résolues.

Ouï le commissaire impérial en son réquisitoire sur l'application de la peine :

Attendu que les faits déclarés constants constituent un crime prévu et puni par les art. 379, 384, 381 n° 4, 19, 47 du Code pénal et 139 du Code de justice militaire, ainsi conçus :

Lire le texte des articles cités.

Le conseil de guerre condamne N... à la peine de..... années de travaux forcés, ordonne qu'après avoir subi sa peine, il restera pendant toute sa vie sous la surveillance de la haute police;

Le condamne, en outre, aux frais envers l'État.

Ordonne la restitution ou la confiscation suivant les cas.

Après la prononciation de ce jugement (art. 138 *C. M.*), si le condamné est membre de la Légion d'Honneur, ou décoré de la médaille militaire, ou de Sainte-Hélène, ou (décret du 26 mars 1858) des médailles instituées par LL. MM. la reine d'Angleterre et le roi de Sardaigne, le jugement sera prononcé ainsi :

« Attendu que N... a manqué à l'honneur, nous déclarons, au nom de la légion, qu'il a cessé d'en être membre (ou qu'il a cessé d'être décoré de la médaille de .....).

Acquittement.

Si l'accusé, continue l'art. 136 *C. M.*, n'est pas reconnu coupable, le conseil prononce son acquittement, et le président ordonne qu'il sera mis en liberté, s'il n'est retenu pour une autre cause.

La non-culpabilité n'est pas l'innocence, elle est le plus souvent le résultat du doute : il y a donc une grande différence entre le doute et l'innocence.

Le président, en prononçant le verdict de *non-culpabilité*, doit donc se renfermer dans les termes de la loi.

Absolution.

L'absolution d'un accusé rentre dans le texte de l'art. 136.

De la chose jugée.

Tout individu (art. 137 *C. M.*) acquitté ou absous ne peut être repris ni accusé à raison du même fait.

Cet article donne lieu à l'examen de plusieurs points de doctrine.

Sur la chose jugée il a été décidé :

1° Qu'on ne pouvait pas invoquer, pour repousser une action criminelle ou correctionnelle, une décision ou un jugement rendu par la juridiction civile, puisque la poursuite émane du ministère public, et qu'elle a pour but la répression d'un fait constituant un crime ou un délit.

2° Qu'il n'y a pas chose jugée lorsque des accessoires du fait principal ressortent d'autres délits : dans ce cas, la maxime *non bis in idem* n'est pas applicable.

Ainsi , « l'acquittement sur le crime d'attentat à la pudeur avec *violence* laisse intacts les droits du ministère public pour une poursuite de coups et blessures volontaires. »

« Un comptable acquitté pour faux commis dans la tenue de ses écritures, peut être poursuivi pour abus de confiance et détournement de deniers à lui confiés. »

On pourrait multiplier ces exemples, mais, pour éviter de nouvelles poursuites , le président et le conseil de guerre ne doivent pas oublier qu'ils peuvent toujours poser des questions subsidiaires et

distinctes, quand elles dérivent de l'accusation
principale.

Condamnation aux frais.

Le jugement (art. 139 *C. M.*) qui prononce une
peine contre l'accusé, le condamne aux frais
envers l'Etat.

Quand il n'y a qu'un seul accusé et plusieurs
chefs d'accusation tous résolus affirmativement,
il ne peut s'élever de difficultés pour la condamnation entière aux frais; mais quand l'accusé
n'est reconnu coupable que sur quelques chefs
et acquitté sur d'autres, une distinction peut être
nécessaire, et une juste appréciation doit être
faite pour la condamnation aux frais qui doivent
retomber à la charge du condamné, surtout si les
frais qui ont été payés portent principalement
sur les faits dont l'accusé n'a pas été reconnu
coupable.

La même distinction doit exister quand il y a
plusieurs accusés.

Prescriptions et nullités prévues.

L'article 140 *C. M.* contient les dispositions suivantes :

Le jugement fait mention de l'accomplissement de toutes les formalités prescrites par la présente section.

Il ne reproduit ni les *réponses de l'accusé*, ni les *dépositions des témoins*.

Il contient les décisions rendues sur les moyens d'incompétence, les exceptions et les incidents.

Il énonce A PEINE DE NULLITÉ :

1° les noms et grades des juges.

2° Les noms, prénoms, âge, profession et domicile de l'accusé.

3° Le crime ou le délit pour lequel l'accusé a été traduit devant le conseil de guerre.

4° La prestation de serment des témoins.

5° Les réquisitions du commissaire impérial.

6° Les questions posées, les décisions et le nombre de voix.

7° Le.texte de la loi appliquée.

8° La publicité des séances ou la décision qui a ordonné le huis clos.

9° La publicité de la lecture du jugement faite par le président.

Le jugement, écrit par le greffier, est signé sans désemparer par le président, les juges et le greffier.

Obs. — Il est indispensable que toutes les surcharges, ratures et renvois soient approuvés et SIGNÉS: le *paraphe* ne suffit pas, la loi exige une *signature*.

L'art. 141 *C. M.* fixe le mode d'exécution de la connaissance donnée au condamné du jugement rendu.

Nous laissons aux hommes spéciaux le soin de l'interpréter s'il y a lieu.

Faits nouveaux.

S'il résulte des débats (art. 142 *C. M.*), des faits nouveaux constituant des crimes et délits, c'est devant le général commandant la division, à qui appartient l'initiative de toute poursuite, que le conseil de guerre doit renvoyer le prévenu, après avoir fait constater les faits révélés, par un procès-verbal propre à éclairer le général commandant et servir de base à une instruction.

L'art. 143 *C. M.* prescrit au commissaire impérial la forme de l'avertissement qui doit être donné au condamné sur le délai du pourvoi en révision.

———

Ici se terminerait la tâche que nous nous étions imposée, il est cependant encore deux cas où les juges d'un conseil de guerre sont appelés à prononcer un jugement et nous allons les examiner.

Le premier concerne la jurisprudence sur l'accusé contumax ; le second les principes sur la reconnaissance de l'identité d'un accusé évadé et
repris.

Jugement d'un contumax.

Les règles de la procédure en matière de
contumace et du jugement qui doit être prononcé
sont tracées par les art. 175 et suivants du Code
militaire.

Il est de jurisprudence certaine en matière criminelle ordinaire, qu'une cour d'assises jugeant
par contumace, peut reconnaître la non culpabilité
d'un accusé et prononcer son acquittement.

Obs. — Dans un jugement par contumace, les
circonstances atténuantes peuvent-elles être admises par un conseil de guerre?

La jurisprudence de la cour de cassation a décidé, qu'aux termes de la loi, une cour d'assises
ne pouvait les admettre, qu'au jury seul apparte-
nait ce droit.

Par d'autres motifs, cette règle nous paraît devoir être suivie dans un jugement par défaut rendu par un conseil de guerre : d'une part, le jugement contradictoire n'est jamais rendu par les mêmes juges qui ont statué sur la contumace. En admettant les circonstances atténuantes, ce serait donc engager, moralement au moins, l'opinion des juges qui rendront le jugement contradictoire. D'autre part, le contumace venant à apprendre que, pendant son absence forcée ou volontaire, des circonstances atténuantes avaient été admises, peut se constituer prisonnier, et les faits révélés pourraient être tels, que leur admission étant en contradiction flagrante avec les débats, elle deviendrait impossible.

Les magistrats sont solidaires, et dans le cas où les circonstances atténuantes seraient rejetées, il ne faut pas même que la pensée puisse naître qu'un piége a été tendu, ou même qu'une faveur a été accordée, l'accusé ne s'étant représenté que dans l'espérance de l'admission, en sa faveur, de circonstances atténuantes.

Ainsi, lorsqu'il s'agit d'un contumace, un acquittement, ou la loi sévèrement interprétée.

Reconnaissance de l'identité d'un contumace.

Dans le second cas, sur lequel un conseil de guerre peut être appelé à se prononcer, il s'agit de la reconnaissance d'un individu évadé, condamné par défaut et repris.

L'art. 180 *C. M.* trace la marche qui doit être suivie A PEINE DE NULLITÉ.

Une jurisprudence constante a proclamé que : « Lorsque le condamné par contumace est soumis à un débat contradictoire, *le défaut de lecture* des dépositions des témoins assignés à comparaître et qui ne peuvent être produits, et même des réponses écrites des autres accusés du même crime, emportait LA NULLITÉ des débats et de l'arrêt. » (Art. 457 *C. I. C.*).

« La loi prescrit cette lecture pour remplacer les dépositions orales qu'auraient faites ces témoins ou ces coaccusés s'ils eussent été présents aux débats; dès lors, elle la considère comme une partie intégrante des débats et comme un des

éléments dont la connaissance est absolument nécessaire à l'accusé pour établir sa défense, comme
au ministère public pour justifier l'accusation, et
sous l'un ou l'autre rapport cette formalité est
substantielle.

Si l'accusé se bornait à répondre *négativement*
à la demande qui lui serait faite de passer *outre*
à la lecture de la déposition écrite d'un témoin
absent, la nullité n'en devrait pas moins être prononcée, parce qu'il faut que le consentement soit
exprès et *formel*; il ne peut résulter d'un simple
consentement une renonciation à la lecture d'une
déposition écrite. La renonciation à un droit, à
un avantage quelconque, surtout à l'accomplissement d'une formalité substantielle, doit être
expresse.

Il n'y a pas lieu de procéder à la reconnaissance d'un accusé déjà condamné, évadé et repris,
lorsqu'il ne conteste pas son identité.

Cependant, malgré cet aveu du prévenu, il peut
y avoir du doute, et à plus forte raison lorsqu'il
nie son identité; les dépositions des témoins peuvent laisser planer un nuage sur la décision à
rendre; quoique la loi n'en fasse pas une obligation, un défenseur est nécessaire; il doit même
être désigné d'office, pour peu qu'il s'élève des

doutes; et nous terminerons en rappelant l'opinion sur ce point d'un de nos meilleurs arrêtistes.

« Nous pensons, dit-il, que toutes les fois qu'il
peut s'élever des doutes sérieux sur une question
d'identité, et lors même que le prévenu garderait
le silence, c'est un devoir pour les magistrats
d'employer tous les moyens qui peuvent l'éclairer,
comme une double garantie pour l'accusé et la
justice elle-même.

FIN DE LA DEUXIÈME PARTIE.

—

TROISIÈME PARTIE

ASSISES

—

Guide et jurisprudence spéciale pour les cours d'assises.

—

Attributions du président avant l'ouverture des assises.

Lorsqu'un président des assises a reçu la communication des affaires qui doivent y être portées, il doit les examiner avec le plus grand soin, les fouiller dans leurs moindres détails et s'en pénétrer.

Si dans l'examen des procédures, le président reconnaît que quelques points restent à éclaircir..., qu'un plan est nécessaire...., qu'une vérification d'écriture est utile..., l'art. 303 *C. I. C.* lui

confère le droit d'entendre ou de faire entendre,
par commission rogatoire, de nouveaux témoins
et même ceux qui ont déjà été entendus, de
faire ou faire faire tous les actes d'instruction
qui doivent amener à la manifestation de la
vérité.

A cet effet, il pourra déléguer tel juge qu'il
croira devoir choisir, et non seulement, ainsi que
le porte l'art. 303, le juge d'instruction de l'ar-
rondissement où l'instruction a déjà été faite, les
expressions de cet article étant indicatives plutôt
que limitatives, mais encore soit un des *assesseurs*,
soit le juge de paix du canton où les témoins ré-
sident. J. Const., C. C. « Attendu que les articles
301, 303 et 304 C. I. C. autorisent le président à
continuer l'instruction après l'arrêt de renvoi;
que la disposition de ces articles ne permet pas
d'étendre au président la prohibition faite au juge
d'instruction par l'art. 257 C. I. C. de siéger à la
cour d'assises, ni de déclarer les débats nuls, par
cela qu'après avoir fait des actes d'instruction, il
ne se serait pas abstenu de présider. »

« Attendu que si l'art. 303 parle de nouveaux
témoins, il n'est point conçu en termes prohibitifs
à l'égard des témoins déjà entendus, et que l'art.
301 qui le précède et le domine, en autorisant,

en termes généraux, la continuation de l'instruction, l'autorise par toutes les voies de droit. »

« Attendu que le pouvoir d'entendre de *nouveaux* témoins emporte, nécessairement avec lui, le pouvoir d'appeler ceux qui ont déjà été entendus, soit pour obtenir d'eux l'indication de nouveaux témoins qu'il pourrait être utile d'entendre, soit pour contrôler les déclarations de ceux-ci. »

« Attendu que cette forme de procéder ne porte aucun préjudice à l'accusé, puisque, d'une part, il doit lui être donné connaissance et copie des pièces de cette instruction supplémentaire, et que, d'autre part, si *son droit de défense* se trouvait gêné par des charges nouvelles qui auraient été révélées à sa charge, à une époque très - rapprochée des débats, il pourrait demander une prorogation de délai en vertu de l'art. 306 C. I. C. »
C. C. 26 avril 1836, 7 juillet 1847, 24 janvier 1849.

Interrogatoire de l'accusé.

Dans l'interrogatoire que le président des assises, ou en son absence le président du tribunal de première instance, ou un juge délégué à cet effet, fera subir à l'accusé, il doit l'interpeller de déclarer le choix qu'il aura fait d'un conseil, sinon lui en désigner un sur le champ, à peine de nullité de tout ce qui s'en suivra. (Art. 293 et 294 C. I. C.).

L'interrogatoire d'un accusé n'a pas besoin d'être renouvelé, alors qu'il était régulier, et alors même qu'il y aurait en cassation pour une autre cause que l'interrogatoire; l'accusé doit seulement être pourvu d'un conseil. C. C. 10 septembre 1846.

Aux termes de l'art. 296, C. I. C. le président doit avertir l'accusé que, dans le cas où il se croirait fondé à former une demande en nullité contre l'arrêt de renvoi, il doit faire sa déclaration dans les *cinq jours* suivants, et qu'à l'expiration de ce délai, il ne serait plus recevable.

Pour le délai de cinq jours, le premier jour ne compte pas, mais le dernier compte.

Si les cinq jours ne sont pas expirés, le consentement de l'accusé à renoncer à se pourvoir doit être *exprès*. Le juge qui fait l'interrogatoire ne doit pas négliger de le faire expliquer sur ce point.

Si la réponse de l'accusé est affirmative, le tirage du jury de jugement effectué, l'accusé n'est plus admis à demander un renvoi. Juris. Const.

Visite des prisons.

L'art. 611 C. I. C. impose au président l'obligation de visiter les prisons; ces visites pendant la session doivent être renouvelées le plus souvent possible; il doit écouter les réclamations des prisonniers; s'assurer que les arrêtés sont exécutés, que les registres d'écrou sont régulièrement tenus, et que les accusés qui doivent passer aux assises ont conféré avec leurs défenseurs. Le président doit porter ses investigations sur la nourriture, la salubrité du local, les réparations qui paraîtraient nécessaires, et sur la manière dont les détenus sont tenus sous le rapport de la propreté et de la décence.

Il doit également s'assurer si les individus condamnés aux précédentes sessions ont été transférés à leur destination; si les enfants détenus reçoivent les soins et la surveillance que commande leur âge; enfin il ne doit rien négliger pour appeler dans son rapport l'attention du ministre de la justice sur toutes les améliorations que peuvent commander l'humanité et l'intérêt d'une exacte et prompte répression.

Copie des pièces.

Il est encore du devoir du président de s'assurer si les copies de pièces, dues gratuitement aux accusés, leur ont été remises ; ces pièces sont principalement les procès-verbaux constatant le délit et les déclarations écrites des témoins (article 305 C. I. C.). Aux termes du même article, les conseils des accusés peuvent prendre ou faire prendre, à leurs frais, copie de telles pièces du procès qu'ils jugeront utiles à leur défense. Le conseil (article 302) pourra également prendre connaissance de la procédure sans déplacement.

La cour de cassation (27 juin 1839) a décidé « que le défaut de copie à l'accusé de la déposition écrite d'un témoin, lui donne seulement le droit de réclamer cette copie, mais n'entraîne pas nullité de sa procédure, si cet accusé n'a éprouvé aucun refus. »

Le conseil (art. 302) ne pourra communiquer avec l'accusé qu'après son interrogatoire.

Fixation des affaires.

La fixation et l'ordre des affaires portées aux assises, appartient au président *seul*, ainsi il peut remettre l'affaire d'un jour à un autre sans faire délibérer la cour sur cette remise. C. C., 26 avril 1844.

Renvoi des affaires.

Les articles 306 et 308 C. I. C. font connaître les cas où le président des assises *seul* peut, soit proroger le délai, soit renvoyer l'affaire ou une partie des chefs d'accusation à une autre session, mais dans tous les autres cas prévus par l'art. 354 C. I. C., où un témoin cité ne comparaît pas, ou dans des cas imprévus d'après les dispositons de l'art. 406, c'est à la cour d'assise à ordonner le renvoi, parce que alors il s'agit de concilier les droits respectifs de l'accusation et de la défense.

8

Ligne de démarcation entre le président et la cour.

La ligne de démarcation entre le président et la cour d'assises *est dans l'opération du tirage du jury* qui seul donne à l'accusé le droit d'être jugé *immédiatement,* s'il n'y a pas empêchement déclaré par arrêt.

« Les causes de renvoi ne sont pas limitées; la cour est seule juge de la gravité des incidents qui peuvent se présenter, puisqu'elle dépend de la nature des débats. » C. C. 11 juillet 1839. « Les dispositions de l'art. 406 C. I. C, font échapper à la censure de la cour de cassation l'appréciation des causes du renvoi, par le pouvoir souverain et discrétionnaire dont elles investissent les cours d'assises, et qui laissent entièrement à leur arbitre, à leur discernement et à leur conscience les motifs du renvoi. » C. C. 3 mai 1839 et Jurisp. Const.

V. Observation sur les renvois au C. M. 2me partie.

Devoir du président au jour de l'ouverture des assises.

—

Composition de la cour d'assises.

Lors de l'examen que le président a fait des procédures, il a dû s'assurer par la lecture des arrêts de renvoi qu'aucun des magistrats qui devaient l'assister, n'avait coopéré à l'arrêt de mise en accusation, et n'avait fait aucun acte d'instruction dans l'affaire qui devait être soumise aux débats; circonstances qui, aux termes de la loi, entraîneraient une nullité radicale de l'arrêt qui serait rendu.

Quand le président a reconnu ces causes de nullités, il doit écrire à M. le premier président pour faire remplacer le magistrat empêché, si les assises s'ouvrent dans le chef-lieu où siége la cour, et rendre lui-même une ordonnance à cet effet, si la session s'ouvre dans un département du ressort.

Toutefois la jurisprudence a établi que quelques cas sujets à interprétation n'étaient pas une cause d'empêchement. Ainsi : « les opérations de la formation du jury, *antérieures au jury de jugement*, sont d'administration plutôt que de juridiction. C. C. 12 mai 1842 et 3 mai 1843. »

« Un magistrat n'est pas empêché de siéger en cour d'assises, parce qu'il a concouru à un arrêt correctionnel, rendu contre l'accusé, qui comprenait l'un des faits de l'accusation, sur lequel la cour jugeant en matière correctionnelle, se serait déclarée incompétente. C. C. 21 novembre 1844. »

« Les magistrats qui ont concouru à un arrêt jugeant par contumace, peuvent connaître du jugement contradictoire, le premier jugement se trouvant anéanti. » C. C. 15 octobre 1849.

Cependant l'incompatibilité se trouve « dans le cas de renvoi; après cassation, devant une autre cour d'assises du ressort. Les magistrats qui ont concouru au premier arrêt ne peuvent ni présider ni assister aux nouveaux débats. » Jurisp. Const.

Composition du jury.

Aussitôt que le président s'est assuré que les jurés étaient présents au nombre de *trente*, déduction faite des jurés empêchés, il doit concurremment avec la cour, prononcer sur les absences et les motifs d'excuse qui sont présentés, le tout conformément aux art. 393, 396 et 397. C. I. C.

Amendes prononcées contre des jurés.

L'art. 396 qui fixe à 500 fr. l'amende à laquelle peut être condamné le juré absent sans motif ou dont les motifs ont été jugés insuffisants a été modifiée par la *loi du 4 juin* 1853 qui permet de réduire l'amende à 200 fr.

Les jurés qui auraient allégué une excuse reconnue fausse, sont condamnés, outre les amendes prononcées par la loi, à un emprisonnement de six jours à deux mois. Art. 236 C. P. il en est de même pour les témoins.

Motifs d'empêchement.

Tout juré qui se trouve porté sur la liste est réputé de plein droit avoir les qualités requises, tant qu'il n'a pas été légalement retranché de cette liste, cependant « aucun failli, non concordataire, ne peut, à peine de nullité, figurer parmi les trente jurés entre lesquels est tiré au sort le jury de jugement, parce qu'aux termes de la loi du 7 août 1848, il ne jouit pas des droits politiques et que l'exercice des droits du citoyen français est suspendu par l'état de débiteur failli, et qu'alors il est frappé d'une incapacité légale. » C. C. 28 juin 1850.

Il n'y a aucune incapacité légale entre la qualité de *juge suppléant* et celle de juré, cette qualité ne conférant que des fonctions accidentelles. C. C. 3 juillet 1845 : Il en est de même du *magistrat honoraire*, un service permanent et obligatoire, motivant seul l'incompatibilité.

Mode pour compléter le jury.

Si au jour indiqué pour le jugement d'une affaire ou lors de la formation de la liste, il y a
moins de trente jurés présents, les jurés rempla-
çants doivent être choisi par la voie du sort, *en
audience publique,* sur la liste de service.

Il est conforme à l'esprit de la loi (art. 393 et
395 C. I. C.), quoique cependant ce ne soit point
une obligation, de notifier à l'accusé la liste des
jurés réduite par les excuses, et augmentée du
nom des jurés tirés au sort pour la compléter.
C. C. 26 décembre 1833 : Cette mesure est d'autant plus juste, qu'en notifiant seulement la liste
générale des quarante jurés, cette notification ne
fait connaître à l'accusé, qu'en partie les noms de
ses véritables juges.

Formalités avant le tirage du jury de jugement.

Avant de procéder au tirage, le président doit
s'assurer de l'identité des accusés.

Si l'accusé a besoin d'un interprète, on doit suivre les règles rapportées au code militaire, 2me partie.

Tirage du jury de jugement.

Pour chaque affaire l'appel des jurés non excusés et non dispensés sera fait en leur présence et en présence du procureur général et de l'accusé.

Le nom de chaque juré répondant à l'appel sera déposé dans l'urne. L'accusé premièrement ou son conseil et le procureur général récuseront tels jurés qu'ils jugeront à propos, à mesure que leurs noms sortiront de l'urne.

Les motifs de récusation ne pourront être exprimés. Art, 399 C. I. C.

Lorsqu'il y a plusieurs affaires fixées au même jour, l'usage a établi que le tirage pouvait se faire dans la même séance, et qu'un seul appel général des jurés pouvait avoir lieu.

« Le conseil de l'accusé a la faculté d'assister

au tirage des jurés, mais il n'est pas nécessaire, à peine de nullité, qu'il y soit présent. C. C. 10 février 1835. »

L'accusé ou le ministère public, n'est plus à temps de récuser un juré dont le nom est sorti de l'urne, après que le nom du juré suivant a été proclamé par le président. Jurisp. Const.

C'est à la cour d'assises et non au président qu'il appartient de statuer sur l'incident survenu au sujet du droit de récusation. Le président ne peut prononcer *seul* que dans le cas où le tirage au sort ne soulève aucune contestation. Jurisp. Const.

Jurés suppléants.

Art. 394 C. I. C. *Lorsqu'un procès criminel paraîtra de nature à entraîner de longs débats, la cour pourra ordonner, avant le tirage du jury, qu'indépendamment des douze jurés, il en sera tiré au sort un ou deux qui assisteront aux débats.*

Les jurés suppléants ont les mêmes droits que les jurés ordinaires dans le cours des débats et jusqu'au moment où le jury de jugement fait connaître le résultat de sa délibération, par la lecture qu'en fait le greffier, cependant ils ne peuvent assister à cette dernière délibération, ni aux votes qu'émet le jury de jugement. Ils doivent être placés, par les soins du président, dans une salle particulière où ils ne peuvent communiquer avec personne.

« Toutes les décisions rendues en matière de formation de jury, de récusations et des incidents qui peuvent s'élever, peuvent *ne pas* être rendues publiquement. » C. C. 22 mars 1845.

Les autres formalités relatives au tirage sont réglées par les art. 401, 402, 403 et 404 C. I. C.

Motifs qui peuvent ou doivent empêcher un juré de connaître d'une affaire.

Il est nécessaire de connaître quels sont les motifs qui peuvent empêcher un juré de siéger et quels sont aussi les motifs que la jurisprudence a repoussés.

Suivant l'art. 392 C. I. C. *Nul ne peut être juré dans la même affaire où il aura été officier de police judiciaire, témoin, interprète, expert ou partie à peine de nullité.*

« Le conseil de l'accusé ne peut faire partie du jury, quand il complète le nombre de trente jurés, nécessaires pour former le jury de jugement. » C. C., 11 juin 1838.

« Le juré qui a été consulté n'est pas fondé de s'abstenir de concourir au tirage, mais sa position peut être un motif de récusation. »

« La parenté d'un juré avec les témoins produits par le ministère public, ne constitue à son égard ni incompatibilité, ni incapacité. » C. C., 1er février 1839.

« Le beau-frère de la victime d'un assassinat peut, sans qu'il y ait nullité, concourir, comme juré, au jugement de l'accusé, puisqu'il s'agit d'une exclusion qui doit être rigoureusement restreinte au cas que la loi a déterminée dans l'art. 392. » C. C., 8 mars 1850.

Conformément à l'art. 405 C. I. C. *l'examen de l'accusé commencera immédiatement après la formation du tableau du jury de jugement.*

Des débats et principes généraux.

Les débats d'une affaire peuvent s'ouvrir au milieu de la nuit (C. C., 28 juin 1838) et même le lendemain du tirage fait au jour indiqué, s'il est constant qu'il y a eu force majeure par la prolongation d'une affaire précédente. C. C., 13 février 1846.

La question de l'identité d'un individu condamné par contumace, doit être jugée par la cour d'assises, sans assistance de jurés, préalablement au jugement au fond. (Juris. Const.) S'il y a doute sur l'identité de l'accusé, cette question constitue un moyen de défense qui ne peut être apprécié par le jury.

Les membres du ministère public peuvent se remplacer dans le cours d'une même affaire.

Serment des jurés.

Le président fera prêter aux jurés le serment prescrit par l'art. 312 C. I. C.

L'appel individuel de chaque juré pour la prestation de serment peut être fait par le greffier, l'obligation de faire cet appel en personne, n'étant pas imposée au président à peine de nullité.

Quand il y a lieu de passer outre.

Lorsqu'à la suite de la notification de l'arrêt de renvoi et de l'acte d'accusation faite à l'accusé, il n'a pas réclamé contre l'irrégularité de certains actes de la procédure écrite, cette irrégularité est couverte par son silence, et ne peut pas vicier l'instruction faite devant la cour d'assises. C. C., 17 septembre 1840.

Si l'accusé réclamait devant la cour, il y aurait lieu de passer outre, quand surtout il n'y a pas de pourvoi contre l'arrêt de renvoi.

Si la cour d'assises est saisie par suite d'un renvoi de la cour de cassation, il doit être donné lecture de l'arrêt qui règle la compétence de la cour d'assises; il en est de même s'il existe une ordonnance de jonction de plusieurs accusations.

Communication des jurés au dehors.

Il y a communication pour cause illicite lorsque le procès-verbal constate que l'un des jurés est allé chez un des témoins qui lui a expliqué certains faits relatifs à l'accusation. (C. C., 19 mai 1842).

Autre arrêt du 29 novembre 1838.

« Attendu que les dispositions des art. 312 et 353 C. I. C. qui défendent aux jurés de communiquer au dehors jusqu'après leur déclaration, ne saurait s'entendre que d'une communication volontaire de la part du juré, et non pas des paroles qu'un juré a pu entendre par hasard, sans le vouloir et même malgré lui, et que le président en empêchant le juré de rapporter aux débats les paroles qu'il avait entendues fortuitement, n'a fait que se conformer à la règle qui interdit à un individu d'être à la fois juré et témoin dans la même affaire. »

Principes sur le résumé du président.

« Le résumé du président n'est susceptible
d'aucune réclamation ni conclusion, que dans le
cas où il relèverait des faits nouveaux ou produi-
rait des pièces nouvelles, la loi n'ayant pu sou-
mettre l'impartialité et l'exactitude de ce résumé
qu'au jugement de sa propre conscience ; dans le
cas où le président présenterait des faits nouveaux
ou des pièces nouvelles, son discours ne serait
plus le résumé des débats, il ne serait qu'un auxiliaire de l'accusation ou de la défense ; alors, soit
le ministère public, soit l'accusé, seraient fondés
à demander à être entendus sur ces faits ou sur
ces pièces et à conclure à ce que la clôture des
débats et de ce qui s'en est suivi fussent annulés
par la cour d'assises, et à ce que les débats fussent
continués sur les faits et sur les pièces sur lesquels
ils n'auraient pas été à même de présenter leurs
moyens. » C. C., 22 juin 1839 et Juris. Const.

Une erreur, trop généralement répandue,
a induit la délicatesse de quelques présidents
d'assises dans une interprétation dangereuse de
l'esprit de la loi ; ils ont pensé qu'ils devaient

se borner à faire remarquer d'abord les moyens invoqués par le ministère public à l'appui de l'accusation, et ensuite ceux développés par la défense, sans jamais laisser apercevoir ni entrevoir leur propre jugement sur le mérite des preuves.

L'inconvénient de cette méthode est de laisser subsister les nuages que la subtilité des défenseurs verse d'autant plus facilement sur les vérités les mieux établies qu'ils ont toujours la parole les derniers et qu'ils s'adressent la plupart du temps à des hommes inexpérimentés ; d'induire les jurés à penser que le président est lui-même indécis sur la vérité dont il a dû rechercher la preuve, et d'établir ainsi dans leur esprit une fluctuation et un doute dont le résultat nécessaire, quel qu'en soit la cause, est l'acquittement du coupable.

La vérité est une et indivisible ; le même homme ne peut pas être à la fois innocent et coupable ; si les preuves sont contre lui, elles ne peuvent être pour lui.

Le président doit, sans doute, rappeler les moyens de défense, mais il doit aussi en signaler le vice ; en ne le faisant pas, il néglige le devoir qui lui est imposé de faire remarquer les preuves *contre* l'accusé, car le vice même de la défense est la confirmation de ces preuves.

Le texte de la loi n'a rien de contraire à cette doctrine, puisque le législateur, en chargeant le président de faire remarquer les preuves *pour* ou *contre*, n'a pas employé la copulative *et* qui aurait pu fournir un prétexte à l'opinion contraire.

Distinction entre les pouvoirs de la cour et du jury de jugement sur le fait et le droit.

Dans les questions qui sont soumises au jury, le fait et toutes les circonstances ne peuvent être appréciées que par lui : mais en même temps il n'appartient qu'à la cour de tirer les conséquences légales des faits déclarés constants par les jurés, car dès qu'il s'agit non plus de reconnaître un fait, mais d'en tirer les conséquences par rapport à l'application de la peine, le pouvoir du jury expire et la cour seule est compétente : cette distinction tranchée et profonde qui sépare les attributions du jury et de la cour d'assises, forme le principe même sur lequel repose leur institution.

Avertissement aux jurés sur leur vote.

Aux termes de l'art. 341 C. I. C., le président, en remettant aux jurés les questions, l'acte d'accusation, les procès-verbaux, les pièces du procès autres que les déclarations des témoins, les pièces dé conviction (s'il y a opportunité), doit leur donner l'avertissement suivant :

Le vote doit avoir lieu au scrutin secret.

La discussion est permise aux jurés dans la chambre de leur délibération.

Toute décision contre l'accusé doit se former à la majorité, et les jurés sont obligés de faire mention de cette majorité, sans toutefois que le nombre de voix qui la compose puisse y être exprimé.

Il est du devoir du jury, toutes les fois qu'il y a décision, en matière criminelle, contre l'accusé

d'examiner s'il existe en sa faveur des circonstances atténuantes. Cette question, quoique non
écrite, doit toujours être soumise par le président
du jury à ses collègues et il doit y répondre ainsi :
Oui, à la majorité, etc., etc.

Si les circonstances atténuantes sont rejetées,
il ne doit être fait aucune mention du résultat sur
les questions remises aux jurés ; il ne doit être exprimé que s'il est affirmatif.

Le président donnera l'ordre d'emmener l'accusé, et les jurés se retireront dans la chambre
de leur délibération.

Il est de principe absolu que *nul* n'a le droit
de s'immiscer dans la délibération du jury, ni de
lui demander compte des règles qu'il a suivies ou
des motifs qui ont déterminé son verdict, ainsi :

Il n'est pas nécessaire qu'il soit justifié que les
jurés ont voté au scrutin secret.

Le vote au scrutin est une faculté plutôt qu'une
obligation et rien ne s'oppose à ce que le vote ait lieu
publiquement entre les jurés et dans l'ancienne
forme, à moins qu'il n'y ait réclamation de la part
de la majorité, car dans cette matière, comme
dans toutes en général, la majorité doit faire loi.

Mais aucun procès-verbal ne peut être dressé, aucunes réclamations ne peuvent s'élever contre une décision du jury, quand elle est revêtue de ses formes légales, lors de la lecture qui en est donnée publiquement.

Circonstances atténuantes.

Nous l'avons déjà dit dans l'examen de la jurisprudence du code militaire, le droit de déclarer les circonstances atténuantes, en matière criminelle, n'appartient qu'au jury, et la cour jugeant par contumace, ne peut donner une pareille déclaration sans excès de pouvoir. Jurisp. Const; mais quand l'accusation se réduit à un délit, le jury ayant écarté les circonstances aggravantes, l'examen des circonstances atténuantes n'appartient pas au jury, *sa déclaration sur ce point est déclarée non écrite*, et ne peut porter aucune atteinte à celle qu'il a rendue sur le fait principal : la cour ne peut pour ce fait renvoyer les jurés à délibérer de nouveau. La déclaration est *irréfragable* et acquise à la société. Jurisp. Const.

Prohibition de l'entrée dans la chambre des jurés pendant leur
délibération.

L'usage, la jurisprudence et la raison ont établi que l'entrée dans la chambre des jurés, est
permise au président seul, mais seulement quand
ceux-ci l'invitent à s'y rendre. Toutefois, si des
causes graves venaient à se présenter, le président
peut permettre l'introduction dans cette chambre,
mais cette permission doit être donnée par écrit.
C. C. 1er octobre 1846.

Rappelons encore quelques principes de jurisprudence.

La cour d'assises peut rappeler le jury de la
chambre de ses délibérations, pour rectifier une
erreur qui s'est glissée dans la position des questions, mais la rectification ne peut avoir lieu que
lorsqu'il a été établi *contradictoirement* avec
l'accusé que les questions posées n'ont pas été
résolues.

A défaut d'approbations régulières, les ratures et surcharges emportent nullité, quand elles portent sur des énonciations essentielles. C. C. 7 septembre 1850.

Lecture des déclarations.

Aux termes de l'art. 348 C. I. C., les jurés rentreront dans l'auditoire et le président leur demandera, en l'absence de l'accusé, quel est le résultat de leur délibération.

C'est ici qu'il est nécessaire de faire connaître, sur les rectifications des délibérations du jury, les pouvoirs de la cour et les incidents qui peuvent se présenter après la lecture des déclarations.

Les déclarations du jury n'échappent à tout recours qu'autant qu'il y a question et réponse purgeant l'accusation ; cependant il y a des exceptions à ce principe et nous allons en citer un exemple :

Un individu est accusé d'être coupable d'un crime et la seconde question porte sur la complicité. Si la solution sur la première question est affirmative, le jury ne doit pas répondre à la seconde. En effet, on ne peut être en même temps auteur principal et complice, à moins toutefois qu'il y ait plusieurs accusés du fait principal, alors on peut être auteur principal et complice du coaccusé.

Les délibérations du jury ne peuvent être valablement rectifiées que dans la chambre de leur délibération et en vertu d'un arrêt qui y renvoie les jurés. Procéder autrement, ce serait à la fois violer le secret des délibérations, et le principe qu'une délibération ne peut être valablement complétée que dans la forme où elle a été délibérée. Art. 343, 345, 348 C. I. C. ; loi du 13 mai 1836 ; C. C., 27 juin 1839.

Lorsque le chef du jury ne peut lire à l'audience la déclaration rédigée et signée de lui, la cour peut ordonner que cette déclaration sera lue et affirmée par le deuxième juré ; cette circonstance, purement individuelle, n'ayant rien de substantiel à la déclaration du jury. Jur. Const.

Lorsque dans une accusation, comprenant plusieurs chefs, il arrive que parmi les réponses du jury, lues d'abord dans leur ensemble, certaines se trouvent incomplètes et donnent lieu au renvoi des jurés dans leur chambre, il n'est pas nécessaire qu'à leur retour à l'audience, toutes leurs déclarations, même celles qui étaient complètes, soient lues de nouveau, il suffit de donner lecture de celles qui ont été rectifiées. C. C., 13 avril 1839 et Jur. Const.

La cour d'assises est seule compétente pour apprécier la déclaration du jury. et le renvoyer dans la chambre de ses délibérations afin de la compléter ou de la rectifier; mais lorsque la réponse du jury est claire et précise, la cour ne peut, sans excès de pouvoir, le renvoyer dans la chambre de ses délibérations pour une rectification inutile. Juris. Const.

Lorsqu'avant toute lecture de la déclaration à l'accusé, la cour s'aperçoit qu'elle a commis une erreur matérielle dans la position des questions, elle peut, après en avoir posé de nouvelles, renvoyer le jury, contradictoirement avec l'accusé, pour les résoudre; mais le jury ne doit point supprimer la première déclaration comme inutile, parce que la cour de cassation serait dans l'impuissance de vérifier si les premières questions étaient ou non régulières. C. C., 19 novem. 1835.

La première déclaration étant nulle, la seconde seule peut servir de base à la décision de la cour. C. C., 6 janvier 1837.

La cour doit renvoyer le jury dans la chambre de ses délibérations quand sa déclaration est incomplète, *même dans le cas où le vice n'a été reconnu qu'après qu'elle était signée par le président, le greffier et lue à l'accusé;* attendu que pour servir de base, soit à l'acquittement, soit à une condamnation, la déclaration doit s'exprimer d'une manière expresse tant sur le fait principal que sur toutes les circonstances servant à lui donner un caractère légal. La disposition de l'art. 350 C. I. C., d'après laquelle la déclaration du jury ne doit être soumise à aucun recours, ne doit s'entendre que d'une déclaration complète. et précise, purgeant toute l'accusation, et que ce n'est qu'autant qu'elle satisfait à cette condition qu'elle peut être réputée acquise, soit à l'accusé, soit à la vindicte publique. C. C., 5 mars 1835 ; 27 janvier 1842 ; 4 janvier 1844.

Une cour ne commet aucun excès de pouvoir en renvoyant le jury dans la chambre de ses délibérations, lorsqu'à l'instant où le chef du jury donnait lecture du résultat, *hors la présence de l'accusé*, il a affirmé qu'il avait constaté d'une manière inexacte le résultat du scrutin à l'une des questions et que cette affirmation a été confirmée par les autres jurés. C. C., 6 juin 1838. En agissant ainsi, afin de mettre les jurés à même de faire une réponse conforme à la vérité, la cour n'a pas induit le jury à réformer sa première délibération, mais lui a seulement donné le moyen d'exprimer le résultat réel et véritable du scrutin. C. C., 18 juillet 1839.

Aucune rectification ne peut être ordonnée en l'absence de l'accusé, encore bien que le défenseur soit présent et y consente. C. C., 20 janvier 1842.

Le président n'a de compétence pour assurer les suites légales d'une déclaration du jury que lorsque l'accusé a été déclaré non coupable. C. C., 12 décembre 1838.

Contrainte par corps.

L'arrêt qui prononce une condamnation aux frais excédant trois cents francs, doit, à peine de nullité, déterminer la durée de la contrainte par corps dans les limites de l'article 12 de la loi du 13 décembre 1848 qui la fixe de six mois à cinq ans. Toutefois la nullité n'est que relative, l'arrêt de condamnation et la réponse du jury tenant. Quand le taux des réparations pécuniaires adjugées à l'État n'atteint pas trois cents francs, les tribunaux ne doivent pas fixer la durée de la contrainte par corps. Juris. Const.

Solidarité.

Quand il y a plusieurs accusés poursuivis en même temps pour des crimes différents, ils ne peuvent être condamnés solidairement à tous les frais. La disposition de l'article 55 C. P. qui ne prononce la solidarité qu'au cas où il y a condamnation contre plusieurs pour un même crime et délit, est nécessairement limitative. Juris. Cons!.

Malgré la connexité qui existe dans une accusation portée contre deux individus pour un même crime, la cour peut appliquer le bénéfice de l'art. 352 C. I. C. à l'un des accusés et le refuser à l'autre. C. C., 18 avril 1845.

Quand le jury doit appliquer la loi pénale.

Après sursis prononcé suivant l'art. 352 C. I. C. au jugement d'un accusé déclaré coupable comme auteur et non coupable comme complice, le nouveau jury peut déclarer la complicité, et alors la cour, sans s'arrêter à la différence qui peut exister entre ces qualifications différentes, doit appliquer la loi pénale. C. C., 18 avril 1845.

Dommages intérêts.

La déclaration du jury que l'accusé n'est pas coupable de soustraction frauduleuse, n'est pas tellement destructive du fait de la soustraction que la cour d'assises ne puisse prononcer des dommages intérêts contre l'accusé acquitté, le jury ayant pu écarter la criminalité, sans anéantir l'existence matérielle des faits. Juris. Const.

Violation de la chose jugée.

Il y a excès de pouvoir et violation de la chose jugée de la part d'une cour d'assises qui, contrairement à la déclaration du jury portant que l'accusé n'est pas coupable d'homicide, motive une condamnation à des dommages intérêts sur ce qu'il résulte des faits de la cause que l'accusé acquitté a volontairement homicidé.

Armes.

—

Qu'entend-on par armes?.

L'article 101 du Code pénal est ainsi conçu :

Sont compris dans le mot ARMES *toutes machines, tous instruments ou ustensiles tranchants, perçants ou contondants.*

Les couteaux ou ciseaux de poche, les cannes simples ne seront réputées ARMES *qu'autant qu'il en aura été fait usage pour tuer, blesser ou frapper.*

La loi distingue donc deux espèces d'armes : les armes dont la seule possession, concomitante avec le délit de voies de faits, forme une circonstance aggravante de ce délit; les autres qui ne constituent cette aggravation qu'autant que l'auteur du délit s'en est servi pour tuer, blesser ou frapper.

La raison de cette distinction est visible: les armes de la première espèce ne sont point d'un usage ordinaire dans les habitudes de la vie, et dès lors le fait seul de s'en trouver muni semble révéler dans l'auteur du crime la préméditation de s'en servir.

Les armes de la seconde espèce, les couteaux, etc., ne sont point au contraire, à proprement parler, des armes; ce sont des ustensiles d'un usage journalier; le rebelle, le voleur peut en être muni sans que cette possession révèle la pensée de s'en servir dans la perpétration du crime; c'est l'usage seul qui peut prouver cette pensée.

Les *bâtons* et les *pierres* sont-ils compris dans le mot ARMES?

La jurisprudence de la cour de cassation a décidé que les *bâtons* sont des instruments contondants et compris par l'art. 101 C. P., dans le mot ARMES.

On doit cependant reconnaître que les *bâtons* qui ne sont ni ferrés ni noueux rentrent évidemment dans la classe des *cannes* simples; le *bâton* est pour l'habitant de la campagne ce que la *canne* est pour celui des villes; c'est un objet de sûreté, d'agrément, dont la possession ne peut entraîner aucune présomption défavorable : *l'usage seul qu'on en fait devient une circonstance aggravante du délit.*

Les *bâtons ferrés* sont aussi très-fréquemment des ustensiles ordinaires, soit pour la sûreté, soit pour la solidité du voyageur. Leur seule possession ne doit donc pas toujours être un motif de suspicion, et cependant on ne peut nier que lorsque les *bâtons* sont ainsi armés de manière à les rendre impropres à un service journalier, il serait difficile de les soustraire à l'application des termes généraux de l'art. 101 C. P.

Quant aux *pierres*, la cour de cassation a pensé et exprimé dans plusieurs arrêts que les *pierres* devaient être réputées ARMES ; mais toutefois elles ne peuvent prendre la qualité D'ARMES que d'après l'usage qui en est fait ; c'est une ARME ACCIDENTELLE : l'usage de *pierres* peut révéler *seul* l'intention de l'agent, c'est alors seulement un acte qui leur imprime la qualité D'ARMES ; jusque là elles ne pourraient, sans une extension manifeste du vœu de la loi, recevoir cette dénomination.

Assassinat.

Caractères.

L'assassinat ne constitue en lui-même et dans le système de la loi pénale qu'une circonstance aggravante du crime de meurtre. Ce dernier crime que la loi qualifie *d'homicide commis volontairement*, c. à d. avec l'intention de tuer, est donc la base et l'élément essentiel de l'assassinat; la préméditation en est la circonstance caractéristique.

Guet-apens.

L'article 296 C. P. définit en conséquence ce crime: *tout meurtre commis avec préméditation*. L'art. ajoute *ou de guet-apens*; mais cette addition est évidemment surabondante, car le guet-apens se trouve évidemment compris dans la

10

préméditation ; en effet, aux termes de l'art. 298 :
« Le guet-apens consiste à attendre plus ou moins
« de temps, dans un ou plusieurs lieux, un indi-
« vidu, soit pour lui donner la mort, soit pour
« exercer sur lui des actes de violence. » Or,
qu'est-ce que l'acte de celui qui se place en embuscade pour attendre sa victime, si ce n'est un
acte de préméditation ? Aussi la cour de cassation
a-t-elle jugé : « Que le guet-apens ne peut exister
« sans préméditation et qu'elle le suppose essen-
« tiellement ; que par conséquent la déclaration
« du jury, portant qu'il y a eu guet-apens, mais
« qu'il n'y a pas eu préméditation, contient une
« contradiction qui en détruit les parties substan-
« tielles et lui ôte tout sens et tout résultat. »
(C. C., 4 juin 1812, Jurisp. Const.) Or, si le
guet-apens suppose nécessairement la préméditation, la loi pouvait se dispenser d'en faire une
circonstance distincte.

Préméditation.

Ce qui constitue l'assassinat, c'est la préméditation. « La préméditation, porte l'article 297 C. P.,
« consiste dans le dessein formé avant l'action
« d'attenter à la personne d'un individu déter-

« miné, ou même de celui qui sera trouvé ou
« rencontré, quand même ce dessein serait dé-
« pendant de quelque circonstance ou de quelque
« condition. » Il importe donc de ne pas con-
fondre la préméditation avec la volonté criminelle : la volonté peut supposer une sorte de
préméditation ; mais ce n'est pas celle-là que la
loi a eu en vue. Préméditer une action dans le
sens légal, c'est en avoir conçu la pensée, c'est
avoir formé le dessein de l'exécuter avant que
l'occasion s'en soit présentée ; c'est , en un
mot, avoir réfléchi à l'avance à cette exécution.
Ainsi, il y a préméditation lorsque l'agent a
préparé à l'avance les armes pour exécuter le
crime ; il y a préméditation lorsqu'il s'est placé
en embuscade pour attendre sa victime. Mais
il ne suffirait pas, pour l'existence de cette circonstance aggravante, qu'il se fût passé quelque
temps entre la pensée du crime et son exécution. Ainsi, dans un accès de colère, l'agent
court dans un lieu voisin se saisir d'une arme et
revient la décharger sur sa victime ; ce fait d'aller
chercher cette arme, cette durée de la volonté
criminelle doivent-ils lui imprimer le caractère de
la préméditation ? Evidemment non, si le crime
n'avait point été médité à l'avance, car c'est sous
l'empire d'une volonté instantanée qu'il a été
commis. Pour bien saisir ces expressions légales
de meurtre commis avec ou sans préméditation,

il faudrait les traduire par celles-ci : *meurtre réfléchi* ou *irréfléchi ;* la durée de l'accès de la passion ne peut faire présumer la réflexion.

Quid : Lorsque la personne atteinte par un coup de fusil n'est pas celle que l'accusé voulait tuer?

Une question grave, en théorie, est de savoir si le fait d'avoir tiré un coup de fusil avec intention de tuer et avec préméditation, constitue le crime d'assassinat, lorsque la personne atteinte par le coup n'est pas celle que l'accusé voulait tuer. (V. Arr. Cass., 31 janvier 1835). La cour de cassation a décidé l'affirmative. Cette décision n'a paru dans la pratique revêtir aucune importance, parce qu'elle ne changeait rien au taux de la peine, le crime manqué, constituant, aux termes de l'art. 2 du C. P., une tentative qui est punie comme le crime lui-même, mais elle tend cependant à introduire dans la qualification des faits une confusion qui peut être dangereuse ; car la préméditation consiste dans le dessin formé d'attenter à la personne *d'un individu déterminé,* elle ne peut donc exister lorsque la personne atteinte n'est pas celle que la pensée du coupable menaçait ; il n'y a pas eu préméditation à l'égard de cette personne; à l'égard de la victime, c'est un simple meurtre et non un assassinat. On pourrait même soutenir que dans cette deuxième hypothèse il n'y a pas meurtre, mais seulement homicide involontaire, car s'il y a eu intention de tuer, cette intention se rapportait à une autre personne que la victime, et l'intention doit se combiner avec le fait pour constituer le crime; mais il serait difficile de voir dans la mort donnée par l'agent, le résultat d'une simple imprudence. L'acte en lui-même est imputable, il doit répondre de ses suites. Au reste, dans notre législation, cette discussion a peu d'intérêt puisque le crime manqué est puni comme le crime consommé; mais il importe néanmoins d'en préciser avec soin les circonstances constitutives, car ces circonstances peuvent avoir de l'influence sur la solution du jury.

Attentat à la pudeur.

La violence morale dans certains cas constitue un crime punissable.

Le crime de viol ou d'attentat à la pudeur *avec violence* consiste dans le fait d'abuser d'une personne contre sa volonté, soit que le défaut de consentement résulte de la violence morale ou physique, exercée à l'égard de cette personne, soit qu'il résulte de tout autre moyen de contrainte ou de surprise pour atteindre, en dehors de la volonté de sa victime, le but que se propose l'auteur de l'action. (C. C., 25 juin 1857).

En effet, rationellement il suffit que le fait se soit accompli sans le concours de la volonté de la victime pour que la violence caractéristique existe réellement.

Aveu.

Principes de l'aveu.

Si le témoignage d'autrui peut suffire, en matière criminelle, pour déterminer la conviction du juge, l'aveu personnel est certainement une des meilleures preuves et doit faire cesser toutes les incertitudes.

En effet, n'est-ce pas le meilleur témoignage

que celui d'un accusé qui se reconnaît l'auteur d'un fait ; que celui d'un accusé qui fait un aveu complet devant son juge ? — Quel est l'homme innocent qui voudrait se déclarer coupable ? — Quel est celui qui, à moins d'avoir évidemment perdu la raison, irait ainsi provoquer sa condamnation ? Aussi la conscience est-elle pleinement rassurée, lorsque le juge peut justifier son opinion par un aveu positif ; aussi doit-on logiquement préférer l'aveu aux dépositions les plus accablantes ; aussi n'est-on jamais plus convaincu que lorsqu'il y a aveu.

Toutefois il faut, dans tout AVEU, *vraisemblance*, *précision* et *uniformité*, et pour reconnaître si ces éléments existent, le juge doit contrôler l'aveu avec les autres circonstances que fournit l'information.

Il est encore un point qui doit fixer l'attention du juge pour une juste application de la peine. C'est de rechercher si *l'aveu* est *forcé*, s'il ne résulte que de l'évidence des faits, comme dans le flagrant délit, alors on doit se montrer sévère ; si au contraire *l'aveu* étant *volontaire*, est le résultat du repentir quand les faits laissaient planer des doutes, alors un pareil aveu rend l'accusé digne d'indulgence.

Duel.

—

Jurisprudence sur le duel.

De nombreux arrêts de la cour de cassation avaient invariablement décidé qu'aucun article du Code pénal ne pouvait être appliqué à celui qui, dans les chances réciproques d'un duel avait donné la mort à son adversaire sans déloyauté ni perfidie.

Plusieurs cours impériales avaient pensé le contraire.

Le 12 *février* 1835, la cour de cassation de la Belgique, pays régi par le même Code pénal que la France, cassa, pour excès de pouvoir et contravention aux art. 295, 304, 327, 328 et 329 du C. P., un arrêt de la cour supérieure de justice de Bruxelles, qui avait déclaré n'y avoir lieu à suivre contre des prévenus de meurtre, par le motif que l'homicide commis en duel ne pouvait recevoir cette qualification aux termes du Code pénal.

Les deux cours suprêmes de la France et de la Belgique se trouvaient donc divisées sur l'une des questions les plus importantes de notre Code : deux opinions furent en présence, l'une que ce genre spécial de crime exige une législation spéciale ; l'autre que les dispositions du Code pénal suffisent, et que les résultats du duel s'y trouvent naturellement compris.

Les partisans de ce dernier système citaient, à l'appui de leur opinion, le rapport fait au corps législatif dans la séance du 17 février 1810, par M. Montseignat, sur le chapitre I du titre II du livre 3 du Code pénal: « Vous nous demanderez peut-« être, disait cet orateur, pourquoi les auteurs « du projet de loi n'ont pas désigné particuliè-« rement un attentat aux personnes trop malheu-« reusement connu sous le nom de *duel...?* C'est « qu'il se trouve compris dans les dispositions « générales qui vous sont soumises. »

En 1837, la cour de cassation fut saisie d'un cas de *duel* sur le pourvoi du procureur général près la cour royale d'Orléans, contre un arrêt de la chambre des mises en accusation, *qui se fonda sur le silence de la loi touchant l'homicide*

commis en DUEL, *et déclara n'y avoir lieu à
suivre.*

Par suite du pourvoi du procureur général
d'Orléans, la cour de cassation fut de nouveau
saisie d'un cas de duel ; M. Dupin porta la parole et la cour réforma sa jurisprudence par les
principes émis dans l'arrêt que nous rapportons.

« Vu les art. 295, 296, 297, 302, 309 et
310 C. P.

« Attendu que si la législation spéciale sur les
duels a été abolie par les lois de l'Assemblée
constituante, on ne saurait induire de cette abo-
lition une exception tacite en faveur du meurtre
commis et des blessures et coups volontaires portés
par suite de duel. — Que sous le Code des délits
et des peines, de 1791, ces meurtres, blessures
et coups étaient restés sous l'empire du droit
commun — que le décret d'ordre du jour du
29 messidor, an II, ne se réfère qu'au Code militaire, et n'est relatif qu'à de simples provocations
de militaires d'un grade inférieur envers leurs
supérieurs. — Que le Code de l'an IV a été rédigé
dans le même esprit que celui de 1791, et ne
contient aucune disposition nouvelle sur cette
matière. »

« Attendu que les dispositions des art. 295 et 296 C. P. sont absolues et ne comportent aucune exception. — Que les prévenus des crimes prévus par ces articles, doivent être dans tous les cas poursuivis. — Que si dans les cas prévus par les art. 327, 328, 329 C. P., les chambres du conseil et les chambres d'accusation peuvent déclarer que l'homicide, les coups et les blessures ne constituent ni crime ni délit, parce qu'ils étaient autorisés par la nécessité actuelle de la légitime défense de soi-même ou d'autrui, on ne saurait admettre que l'homicide commis, les blessures faites ou les coups portés dans un combat singulier, résultat funeste d'un concert préalable entre deux indi-vidus, aient été autorisés par la nécessité actuelle de la légitime défense de soi-même, puisque en ce cas le danger a été entièrement volontaire, la défense sans nécessité et que ce danger pouvait être évité sans combat. »

« Attendu que si aucune disposition législative n'incrimine le duel proprement dit et les circon-stances qui préparent et accompagnent cet acte homicide...., aucune disposition de loi ne range ces circonstances au nombre de celles qui rendent excusables le meurtre, les blessures et les coups. — Que c'est une maxime inviolable de notre droit public que nul ne peut se faire justice à soi-même. — Que la justice est la dette de la société tout entière et que toute justice émane du roi, au nom duquel cette dette est payée. (Art. 48 de la Charte de 1830). — Que c'est une maxime non moins sacrée de notre droit public que toute convention contraire aux bonnes mœurs et à l'ordre public, est nulle de plein droit (art. 6, C. Napoléon). — Que ce qui est nul ne saurait produire d'effet, et ne saurait à plus forte raison paralyser le cours de la justice, suspendre l'action de la vindicte publique, et suppléer au silence de la loi pour excuser une action qualifiée crime par elle et condamnée par la morale et le droit naturel. »

« Attendu que l'action par laquelle deux hommes prétendent transformer de leur autorité privée un crime qualifié en action indifférente et licite, s'attribuer le droit de disposer mutuellement de leur vie, et usurper ainsi les droits de la société, rentre évidemment dans la classe des conventions contraires aux bonnes mœurs et à l'ordre public (1). — Que si, néanmoins, malgré le silence de la loi et le vice radical d'une telle convention, on pouvait l'assimiler à un fait d'excuse légale, elle ne saurait être appréciée qu'en cour d'assises puisque les faits d'excuse, admis comme tels par

---

(1) Les attendu qui suivent ne sont pas applicables à la forme d'informer des conseils de guerre, où le général commandant la division a seul l'initiative des poursuites.

la loi, ne doivent point être pris en considération par les chambres du conseil et les chambres d'accusation, et ne peuvent être déclarés que par le jury; qu'il suit de là que toutes les fois qu'un meurtre a été commis, que des blessures ont été faites ou des coups portés, il n'y a pas lieu, par les juges appelés à prononcer sur la prévention ou l'accusation au cas où ce meurtre a eu lieu dans un combat singulier, dont les conditions ont été convenues entre l'auteur du fait et sa victime, de s'arrêter à cette convention prétendue. — Qu'ils ne peuvent, sans excéder leur compétence et sans usurper les pouvoirs des jurés, statuer sur cette circonstance, puisque lors même qu'elle pourrait constituer une circonstance atténuante, ce serait aux jurés qu'il appartiendrait de le déclarer. »

« Attendu qu'en jugeant ainsi la cour *d'Orléans* a expressément violé les art. 205 et suivants du C. P., casse et annulle et renvoie devant la cour de *Bourges*. » C. C., 22 juin 1837.

La cour de Bourges *n'adopta pas* la nouvelle interprétation de la cour de cassation; voici les motifs de son arrêt que nous croyons devoir rapporter dans leur entier.

« Attendu en fait que rien n'établit que X..... se soit conduit avec *déloyauté* ou *perfidie*, ou

que les chances du combat n'aient pas été
égales. »

« Attendu, en droit, qu'aucun acte, aucune
omission ne peuvent être réputés délit, s'il n'y a
contravention à une loi promulguée antérieurement. — Que nulle contravention, nul délit, nul
crime ne peuvent être punis des peines qui n'étaient
pas prononcées par la loi avant qu'ils fussent
commis. » (Art. 4, C. P.)

« Attendu que le déplorable résultat du duel
dont il s'agit, quelques douleurs qu'il soulève,
quelque insensé et criminel qu'il se montre aux
yeux de la religion, de la morale, de l'ordre public
et de la sécurité des familles ; quelques vœux
ardents qu'il provoque et presse de réitérer vers
le pouvoir législatif.....; cependant, inséparable
qu'il est du caractère tout spécial que lui donnent
et le préjugé général et invétéré dont il émane et
les circonstances dont il est entouré, ne se trouve
aujourd'hui explicitement et nominativement compris dans aucune loi pénale en vigueur; — qu'il
est évident qu'on ne peut le rattacher à aucune
des catégories d'homicide punissable, ayant chacune dans le Code pénal de 1810 leur expresse
et exclusive qualification....., qualification logi-

quement impossible avec la notion du duel ; —
que cette lacune, qu'il serait aussi important que
difficile de combler, ne se remarque pas seulement dans le Code de 1810, mais aussi dans celui
de l'an IV et dans la loi d'octobre 1791 ; — que
cette lacune a été hautement signalée depuis 1791
jusqu'à ce jour, et par la convention nationale
dans la deuxième partie de son décret du 29 messidor, an II, et par la chambre des pairs en 1817,
et par plusieurs arrêts solennels de la cour de
cassation, et par la présentation géminée de pro-
jets de lois spéciaux sur la matière, et par l'opinion et l'enseignement de jurisconsultes les plus
éminents dans la science des lois criminelles et
par le silence du ministère public dans des cas
analogues. »

« Attendu que sous l'influence de la législation
qui consacrait la lacune qui existe, le *duelliste* a
pu se croire, non certes irréprochable dans le for
intérieur, mais à l'abri des poursuites de la loi ;
que l'existence réelle de cette lacune ressort parfaitement d'ailleurs de l'historique exact de la législation précédente sur les duels ; — qu'il ne
semble guère contestable que, soumis avant 1780
à une législation entièrement spéciale, ce n'était
pas le duel comme cause, mais bien avec tous ses
résultats éventuels, qui se trouvait si sévèrement

défendu, poursuivi et puni, et que les édits royaux s'adressaient, sans exception, à tous les sujets du roi, notamment ceux de 1670 et de 1723.

Qu'ainsi l'assemblée constituante, en établissant la législation spéciale sans y rien substituer, a aboli, nécessairement et simultanément pour tous, la pénalité attachée aux résultats des duels si manifestement exceptionnels par leur nature, et qu'elle n'a pas voulu, avec une haute intention sans doute, comprendre le duel dans la liste des faits qualifiés crimes ou délits dans le Code pénal qu'elle décréta. « Que de même le duel et ses résultats ne se trouvent nullement qualifiés dans la loi du 6 octobre 1791 ; — que les lois subséquentes étaient également muettes à cet égard et que dans les dernières modifications apportées au Code pénal (loi du 28 avril 1832) aucune voix ne s'est élevée pour proposer quelques dispositions sur une matière si grave ; — qu'alors il serait contraire à la loyauté de la justice de supposer (qu'en réalité, il y eut eu réserve, soit dans un exposé de motifs généralement ignoré, sans sanction, sans autre portée que son émission même, soit dans les textes de loix, sinon littéralement contraires, du moins étrangers à l'espèce) ; un sens jusqu'ici inaperçu, au moyen duquel pourrait s'incriminer un fait qui, bien qu'odieux et digne de toute réprobation, se trouvent sans disposition pénale claire et précise ; et si on scrute l'intention de l'auteur, à une distance infinie des intentions qui caractérisent le meurtre et l'assassinat, il en résulte que définitivement la loi pénale ne le nomme ni ne le définit. »

« Qu'ainsi la cour n'a point à examiner si le fait et le résultat d'un duel, est ou non dans la catégorie des crimes excusables, mais qu'ayant simplement à se prononcer si l'homicide commis en duel constitue un crime ou un délit, et se fondant sur les considérations qui viennent d'être développées, dit qu'il n'y a lieu à suivre. »
(Arrêt de Bourges, 31 juillet 1837).

Par suite d'un nouveau pourvoi, cette grave question fut de nouveau portée devant *toutes les chambres réunies* de la cour de cassation qui persista dans la jurisprudence qu'elle avait adoptée dans son arrêt du 22 juin, et depuis cette époque elle n'a pas varié, mais plusieurs cours impériales sont encore dissidentes.

Du faux.

Il n'y a pas de faux en écriture, comme dans les autres faux, sans le concours de trois circonstances ou éléments constitutifs.

1° L'altération de la vérité...: *veritatis suppressio*.

2° L'intention frauduleuse....: *dolus*.

3° Le préjudice réel ou possible pour un tiers...: *tertii detrimentum*.

L'altération de la vérité est l'élément principal, puisque l'expression, même dolosive et dommageable, d'un fait vrai, ne saurait jamais constituer un faux d'aucune sorte : c'est donc à ce premier élément constitutif que se rattachent la plupart des difficultés de la matière.

Toute altération frauduleuse ou préjudiciable de la vérité, peut être réputée faux..., mais pour qu'il y ait *faux punissable*, il est nécessaire que l'altération de la vérité, dans un écrit, ait eu lieu par l'un des modes que spécifient les art. 145 et suivants du Code pénal, qui, s'ils ne précisent pas les éléments essentiels du crime, limitent cependant l'incrimination dans les expressions exprimées dans l'art. 147.

Les modes d'altération réputées punissables diffèrent naturellement, selon qu'il s'agit ou du *faux intellectuel* qui ne doit être puni que quand il a été commis dans certains actes, ou du *faux matériel* qui peut être commis par toute personne en toutes espèces d'écritures.

Le *faux intellectuel* consiste dans un moyen de fraude qui, sans contrefaçon ou altération matérielle d'une écriture quelconque, substitue dans un écrit une convention ou stipulation *fictive* à celle que l'écrit devrait constater pour exprimer la vérité; un pareil faux ne peut guère présenter toutes les conditions nécessaires à une incrimination, que lorsqu'il est commis par un fonctionnaire ou officier public, dans un acte qu'il avait mission de rédiger, pour servir de preuve authentique; c'est pourquoi le Code pénal omettant d'incriminer comme faux les simulations et mensonges que commettraient les particuliers dans la réduction d'actes privés souscrits par eux, ne punit le faux intellectuel que lorsqu'un fonctionnaire public commet ce faux dans l'exercice de ses fonctions.

Le *faux matériel* est une *altération matérielle* de la vérité que doit constater un écrit, et appelle une répression contre tout faussaire, quelle que soit la nature de l'écrit ainsi altéré ou falsifié, dès qu'il y a fraude ou préjudice réel ou possible.

L'intention frauduleuse est un élément de culpabilité à apprécier par le juge du fait.

Le *préjudice réel ou possible* se confond avec l'altération de la vérité, en tant qu'il s'agit en *droit* de rechercher quels effets pouvaient produire l'écrit falsifié, et quels ont pu être les résultats de la falsification et de l'usage de l'écrit faux.

Du faux témoignage et de la subornation.

Le faux témoignage est considéré comme l'un des crimes les plus dangereux, en ce qu'il y a un parjure trompant la justice, soit en pouvant faire une victime, soit en rendant un coupable à la Société.

La loi n'a pas cru devoir distinguer, pour l'application de la peine, le faux témoignage fait en faveur de l'accusé de celui fait à son préjudice. Le législateur a dû se montrer également sévère dans les deux cas, pour tenir une juste balance entre l'intérêt de la société et celui des individus. Son but a été encore de prévenir les effets d'une tendance à sauver un accusé aux dépens de la société, et redresser, par la crainte du châtiment, la fausse direction d'une sensibilité ou d'un acte intéressé aussi déplacé que dangereux.

Les *éléments constitutifs* du faux témoignage sont une *déclaration en justice* ayant les *caractères d'un témoignage;* une *altération* de la

vérité constituant un *mensonge;* enfin un *préjudice possible.*

Pour que le faux témoin soit poursuivi, il est
nécessaire qu'il ait prêté serment et rien ne peut
autoriser la faculté de violer impunément la sain-
teté du serment de dire la vérité pour détruire ou
fortifier une accusation, et de mettre ainsi en
péril la société, la conscience du juge, la fortune,
toujours l'honneur et quelquefois la vie des ci-
toyens.

C'est dans le mensonge du témoin qu'est l'élément moral de l'incrimination; la morale doit être
surtout consultée quand il s'agit de savoir si cet
élément du crime existe; or, la morale réprouve
le mensonge de quelque manière qu'il ait eu lieu.

L'élément unitaire est dans le danger que peut
faire courir à l'ordre social une fausse déposition;
et le préjudice *possible* existe quand le faux témoignage a été porté, puisqu'il s'agit toujours
d'une condamnation requise.

La *subornation* d'un témoin, qui est une provocation au faux témoignage, constitue une action encore plus répréhensible ; suborner quelqu'un, c'est l'engager par séduction à faire quelque chose contre son devoir....., suborner un témoin c'est lui faire, par corruption, certifier ou déposer quelque chose contre la vérité.

Le suborneur commet deux crimes au lieu d'un, parce qu'en général il est toujours guidé par la haine, la vengeance ou par un intérêt privé, tandis que le témoin suborné peut avoir été entraîné par le besoin, la simplicité ou la crainte ; pour ce dernier, d'après les faits et les circonstances, il peut avoir quelque droit à l'indulgence.

Le crime de *subornation* n'est point un crime principal qui ait ses caractères propres, ses éléments déterminés. C'est plutôt un acte de complicité rentrant dans les prévisions de l'article 60 C. P.

Une jurisprudence constante a décidé que, quand bien même le témoin suborné serait acquitté par des circonstances particulières et personnelles, la condamnation de suborneur pouvait avoir lieu, si le fait de la fausseté du témoignage était reconnue, indépendamment de la non culpabilité du témoin suborné.

Dans les cas de cette jurisprudence, les questions doivent être posées de telle sorte que, s'il intervient, quant à l'accusé de faux témoignage, une déclaration de non culpabilité, il faut que le *fait d'une déposition mensongère* soit constaté pour atteindre le suborneur; ainsi, si le faux témoin est déclaré simplement non coupable, le suborneur est forcément acquitté, tandis que si l'on pense que ce faux témoin a agi sans intention criminelle, le même suborneur peut encourir une condamnation.

De l'ivresse.

Si l'ivresse, dans notre législation actuelle, n'est pas punissable, elle est dans tous les pays un objet de scandale et de dégoût.

Aucune excuse ne saurait être tirée de l'ivresse: *une faute ne peut jamais excuser un délit ou un crime.*

S'il y a habitude chez un individu, son ivro-
gnerie, si elle n'est pas une circonstance aggravante proprement dite, est encore moins un de
ces faits qui puissent justifier ou même atténuer
une mauvaise action ; — s'il y a eu préméditation
dans l'enivrement, alors c'est un fait moralement
aggravant ; — si c'est un accident, la responsabilité pénale n'en existe pas moins, du moment
où le fait a été commis avec une connaissance
suffisante de son immoralité et de sa criminalité.

La cour de cassation, depuis son institution, a
toujours repoussé le moyen d'excuse tiré de
l'ivresse ; les hommes ont changé, le principe est
resté invariable ; sous François Ier, en 1536,
l'homme ivre, pour la première fois, était mis au
pain et à l'eau....; pour la seconde fois, battu de
verges et de fouet....; et quand il était incorri-
gible on le punissait d'amputation des oreilles,
d'infamie et de bannissement.

Telle est la différence qui existe entre trois
siècles, et l'indulgence est pour le nôtre.

Mais, dit-on, il y a un certain état d'ivresse
qui exclut tout discernement....., qui même pro-

duit momentanément des effets semblables à ceux
de la démence caractérisée ; dans le crime commis
dans cet état se trouve l'absence de l'intention
coupable ! ! ! — Mais comparer l'ivresse presque
toujours volontaire, rarement involontaire......,
à la démence, n'est-ce pas encourager ce vice.....;
ne serait-ce pas provoquer l'accusé à invoquer un
moyen de défense que repousse l'honnêteté et la
morale ?

Dans ces différents cas, c'est au jury, juge de
toute question d'intention, à apprécier s'il y a
lieu de se montrer sévère ou indulgent.

De la légitime défense.

Pour bien comprendre les principes de la légitime défense il est nécessaire de connaître les
textes du Code pénal qui s'y rapportent.

Art. 327 C. P. — Il n'y a ni crime ni délit,
lorsque l'homicide, les blessures et les coups étaient
ordonnés par la loi et commandés par l'autorité
légitime.

Art. 328 C. P. — Il n'y a ni crime ni délit lorsque l'homicide, les blessures et les coups étaient commandés par la nécessité actuelle de la légitime défense de soi-même ou d'autrui.

Art. 329 C. P. — Sont compris dans les cas de nécessité actuelle de défense, les deux cas suivants :

1° Si l'homicide a été commis, si les blessures ont été faites, ou si les coups ont été portés en repoussant pendant la nuit l'escalade ou l'effraction des clôtures, murs ou entrée d'une maison ou d'un appartement habité ou de leurs dépendances ;

2° Si le fait a eu lieu en se défendant contre les auteurs de vols ou de pillages exécutés avec violence.

La défense de notre vie injustement menacée est un droit naturel qui justifie tout acte de violence, l'homicide même.

L'homicide est donc légitime, lorsqu'il a été commandé par la défense de soi-même, soit qu'on ait été frappé, soit qu'on se trouve dans un pressant danger de l'être ; et que ne pouvant attendre des secours de la loi, entraîné par l'instinct conservateur de son existence, on repousse la force par la force.....; ou que, voulant arracher un homme à un péril éminent, on ôte la vie à celui qui allait donner la mort.

Deux conditions doivent concourir pour légitimer les violences employées comme moyen de défense.

1° Qu'elles aient été déterminées par une *agression injuste* contre la sûreté d'une personne.

2° Qu'il y ait eu *nécessité actuelle* de tuer ou de blesser.

L'injustice de l'agression est le principal élément de la première condition justificative ; mais il importe peu que l'agresseur ait ou non la conscience de l'illégitimité de son acte (un fou par exemple), car le droit de défense vient du soin de notre conservation, et non du crime de l'agresseur.

L'agresseur est celui qui, sans droit, s'est porté

à des actes violents et l'agression ne peut être réputée venir de celui qui, ainsi provoqué, commet des voies de fait plus graves.

L'attaque doit avoir lieu par voies de faits contre la personne; une injure ne saurait jamais légitimer des coups, encore moins un homicide; il faut encore plus qu'un outrage pour rendre les coups excusables, car, ainsi que le disait le législateur, le citoyen qui repousse un outrage grave n'est pas comme celui dont parle l'art. 328, dans la nécessité d'opposer la force à la force; s'il frappe, s'il blesse, s'il tue, ce n'est que pour punir l'offense qu'il a reçue; — or, le droit de punir ne peut être confié qu'à l'autorité publique, et il serait contre toutes les règles de laisser l'offensé juge dans sa propre cause.

Il faut qu'il y ait encore *nécessité actuelle* de la défense : NECESSITAS EST LEX; mais pour qu'il y ait nécessité d'employer la violence extrême comme moyen de défense, il faut qu'il y ait *danger imminent*.

Pour user du droit de se défendre, il faut que le danger soit présent et comme enfermé dans un point *indivisible ;* tel est le principe de l'art. 328, consacré par ces expressions *nécessité actuelle,* qui prouvent qu'il ne s'agit que du moment même où l'on est obligé de repousser la force par la force.

La loi exclut donc de ses prévisions le *danger* qui ne serait que *lointain ;* elle en exclut également le *danger qui aurait cessé ;* car l'homicide et les coups nécessités seulement par le besoin de la défense, doivent suivre *immédiatement* l'attaque; *incontinenti et non intervallo ;* s'ils étaient commis plus tard, ils cesseraient d'être légitimes, tout au plus seraient-ils excusables.

Lorsque le péril peut être évité, même par une retraite, l'homicide ne doit pas être permis, car, en principe de droit et de morale, on ne doit pas admettre qu'il puisse être licite de tuer un agresseur dont l'attaque peut être évitée par un moyen facile et qui n'a rien de déshonorant, quand la loi exige une nécessité absolue.

La loi embrasse dans ses prévisions *l'attaque contre autrui ;* c'est un beau mouvement, en effet, que celui qui nous fait oublier notre danger personnel, et courir aux premiers cris de détresse, et le législateur, par cette disposition qui efface toute criminalité, honore celui qui fait la fonction de magistrat en faveur d'un opprimé; il importe, a dit Bentham, que tout citoyen se considère comme le protecteur naturel de tout autre.

C'est là la vraie fraternité!!

La défense des propriétés ne justifie l'homicide et les coups que dans les cas prévus par l'art. 329; encore faut-il que le fait ait eu lieu *la nuit*, car s'il avait lieu *le jour*, il n'y aurait qu'une excuse atténuante.

L'art. 329 a pour but direct la protection de la propriété toujours plus difficile à défendre contre un voleur nocturne; mais il reconnaît encore la présomption d'un danger personnel pour le maître de la maison, ou d'un sentiment de terreur qui le pousse à défendre son bien en frappant.

Voir au mot *Provocation*.

Du meurtre conventionnel.

La convention arrêtée entre deux individus de se donner mutuellement la mort, n'enlève pas à l'homicide son caractère de meurtre.

En juin 1838, un pourvoi fut formé, dans l'intérêt de la loi, les délais de l'opposition étant passés, par le procureur général, près la cour de cassation, contre une ordonnance de non lieu du tribunal de la Seine, qui avait justifié le meurtre conventionnel par l'intention d'un double suicide.

M. Dupin s'exprime ainsi :

S'il y a quelque chose de plus déplorable que le fait en lui-même, c'est la décision qui vous est déférée ; je n'ai jamais vu de circonstance où la violation de la loi comme de la morale, qui est la première de toutes les lois, ait rendu la cassation plus urgente.

Et d'abord s'agit-il d'un *suicide* dans l'espèce?

Comment les juges ont-ils pu méconnaître à ce point le suicide, c'est-à-dire le meurtre de soi-même?

Ce fait lui-même est un crime qui blesse les idées religieuses pour ceux qui en ont, et la morale pour ceux qui y croient!!! Le suicide était un crime prévu et réprimé par les lois anciennes, car, tel qui eût fait bon marché de sa vie, s'arrêtait devant une idée de respect pour son cadavre et devant la crainte de vouer son corps à l'igno-minie; il faut reconnaître ce qu'il y avait de bon chez les anciens; c'était là une puissante inten-tion, mais le suicide intentionnel!!! C'est la pre-mière fois qu'on entend parler de ce pacte d'un nouveau genre.

Dans l'antiquité, nous voyons des maîtres, abusant de leur puissance, ordonner à leurs es-claves de leur donner la mort; mais il y avait là une raison d'obéissance contraire sans doute à la morale, mais qui ne blessait ni les idées religieuses des païens, ni leurs lois.

Dans l'espèce, c'est un homme libre et indé-pendant, qui accepte la mission de donner la mort

à son semblable ; et un pareil acte serait licite...?
Voyez la raison qu'en donne la décision attaquée :
parce que on aurait dit : *tuons-nous* et non *tuez-
moi* ; ce serait là un double suicide ? On le conce-
vrait si chacun avait tiré sur soi. Mais le même
individu a tiré simultanément les deux coups de
pistolet ; il est vrai qu'on voit tous les jours celui
qui a tué, chercher à se donner la mort ; si, dans
le cas où il s'est frappé mortellement, la justice
reste inactive, c'est qu'on ne poursuit pas un cadavre ; mais le fait n'en reste pas moins avec la
qualification qui lui appartient.

Le meurtre n'est excusable que dans les cas
positivement prévus par la loi, et l'homicide ne
cesse d'être un crime ou un délit que lorsqu'il
est commandé par l'autorité légitime et les lois
en vigueur.

Arrivons au motif le plus extraordinaire de la
décision attaquée : un meurtre, dit l'ordonnance
de non lieu, est toujours dicté soit par la colère,
soit par la vengeance ou la cupidité ; aucun de ces
sentiments coupables n'animait l'inculpé ; le désespoir seul le guidait.

Ce motif affecte la morale dans ce qu'elle a de

plus intime..... — L'espérance est commandée à l'homme. — Légitimer des crimes commis par désespoir, c'est aller contre un sentiment qui est le principe· de toute consolation, et le soutien de la vertu.

Cette discussion était inutile à vos convictions, mais la décision m'a paru répugner à un tel point à toutes les idées de morale, que je n'ai pu m'empêcher de venir protester. »

Les motifs de l'arrêt furent conformes au requisitoire.

Principes sur la provocation.

La question de provocation doit être nécessairement posée quand il s'agit d'un fonctionnaire public accusé de meurtre dans l'exercice de ses fonctions ; si cet accusé réclame le bénéfice de cette excuse, il ne suffit pas de demander au jury si l'accusé a agi sans motifs dans l'exercice de ses fonctions.

Sur arrêt contraire la cour de cassation a émis les principes suivants.

« Attendu que l'art. 321 du Code pénal est général et absolu, et que l'art. 186 du même Code
n'y apporte aucune dérogation; — qu'en se fondant sur ce que la question de provocation rentrait
dans l'appréciation des motifs qui auraient lé-
gitimé l'acte de violence, la cour d'assises, d'une
part, a confondu l'exception péremptoire tirée de
la légitimité des motifs, avec l'atténuation résultant de la provocation; d'autre part, elle n'a pas
prévu le cas où le jury résoudrait négativement le
fait de savoir si l'accusé avait agi comme fonctionnaire public et dans l'exercice de ses fonctions. »
Cass., 30 janvier 1845.

Différence entre l'excuse et la provocation.

Une barrière infranchissable sépare le moyen
justificatif et l'excuse; l'exception péremptoire
tirée de la légitimité des motifs et l'atténuation
résultant de la provocation.

La légitimité des motifs efface la culpabilité et
fait disparaître jusqu'aux traces du crime; en faisant les blessures, en commettant l'homicide, l'accusé n'a fait que remplir un devoir..., qu'obéir à

des règles de discipline..., aux ordres de ses chefs, à la nécessité de défendre sa vie attaquée, il suffit que ce fait justificatif soit établi.....; l'accusation tombe?

L'effet de l'excuse est bien différent; elle atténue le fait...., elle en atténue le caractère..., elle en altère la criminalité, mais elle ne l'efface point; son résultat peut être d'adoucir la peine..., mais non de l'abolir; l'accusé reste coupable, mais il peut être excusé.

La *provocation* ne peut être qu'une excuse, elle atténue la peine, mais elle n'en exempte pas le coupable; la violence peut excuser la violence, mais ne la justifie pas. Les coups même ne peuvent justifier l'homicide, à moins de cas de légitime défense et les coups alors cessent d'être qualifiés de provocation.

La provocation change-t-elle de nature quand elle s'adresse à un fonctionnaire public? Aucun texte de loi n'appuie cette thèse et la cour de cassation, dans l'arrêt ci-dessus, n'a fait que maintenir le droit commun à l'égard de tous.

Le préméditation n'exclut-elle pas la provocation?

Voici comment s'exprimait sur cette question M. Rocher, conseiller à la cour de cassation.

« Le *meurtre* avec *préméditation* et *guet-apens* est un *crime exclusif de toute provocation pré-existante;* des hommes intelligents ne peuvent répondre à ces deux questions d'assassinat et de provocation, sans établir une *contradiction fla-grante.* Mais, objecte-t-on avec raison, la ques-tion de provocation *doit être nécessairement posée,* parce que *l'assassinat* n'est pas un crime SUI GENERIS qui n'emporte pas de division. — La préméditation n'étant qu'une circonstance aggra-vante du meurtre, on doit, dans la prévision d'une réponse qui ne serait affirmative que sur le fait principal, se conformer à une disposition de loi qui assure le bénéfice de l'examen d'une question d'excuse pour l'homicide volontaire.

Principes sur la position des questions.

La position des questions est souvent un écueil qui doit fixer toute l'attention d'un président : pour l'éviter, il doit les rédiger de manière à ce qu'elles ne présentent ni obscurité, ni ouverture à l'impunité.

A cet effet, pour simplifier les questions, il faut placer d'abord et en autant de questions séparées les inculpations contre chaque accusé comme auteurs du même fait....; ensuite celles comme complices ; et seulement après toutes ces questions principales, car la complicité est classée parmi elles, les circonstances aggravantes en ces termes :

« Avec la circonstance que le vol énoncé dans les questions ci-dessus, a été commis, 1° la nuit, 2° dans une maison habitée, 3° par deux ou plusieurs personnes, 4° avec escalade dans un lieu clos, etc., etc. »

Dans les cas de vol ou autres analogues, on

doit éviter dans les questions de préciser les objets du crime, les quantités et les valeurs ; — ainsi on ne doit pas poser la question d'avoir volé 500 fr..., mais une somme d'argent ; — 12 chemises et 12 mouchoirs...; mais du linge de corps ; — un pantalon, un habit....., mais des effets d'habillement ; pour les jurés, surtout lorsqu'ils seront interrogés sur l'existence du vol de 500 f. ils peuvent douter que la somme s'élève à ce chiffre et être amenés à répondre négativement sur l'ensemble de la question, parce que si leur réponse était affirmative, ils pourraient craindre d'aller au-delà de ce qui leur a été prouvé.

De la tentative.

La tentative n'est punissable qu'autant qu'il y a commencement d'exécution ; le commencement d'exécution est constitutif du crime de la tentative ; du moment donc qu'il n'y a pas commencement d'exécution, il n'y a plus de crime.

Si dans l'acception la plus ordinaire, le mot *coupable* renferme la *matérialité* et la *criminalité* du fait, ce sens étendu du mot *coupable* se trouve restreint à la simple *matérialité*, lorsque les éléments de la *criminalité* sont exclus, et le commencement d'exécution se trouvant exclu, le fait se trouve réduit à une action plus ou moins blamable, mais qui n'est réprimé par aucune loi pénale.

Maximes et principes divers.

— Les preuves morales méritent une tout autre confiance que celles qui résultent des déclarations des témoins ; car les témoins peuvent se tromper ou être corrompus, tandis que les preuves morales, découlant de la nature même des 'choses, sont en quelque sorte infaillibles.

— Les variantes d'un témoin sur quelques circonstances sont insignifiantes, il suffit que sur le fait principal il soit toujours d'accord avec lui-même.

— *Nihil puero teste certius* (Sénèque).

— *Non est audiendus perire volens.* C'est une maxime sacrée en matière criminelle.

— L'injure et la calomnie contre les témoins sont
de misérables ressources qui ne doivent jamais
être employées; quand un témoignage est aggravant...., c'est le témoignage lui-même qu'il faut
attaquer, qu'il faut détruire....; c'est ce témoignage que l'innocence doit combattre et alors toujours elle parvient à faire triompher la vérité.

— Quand l'opinion publique est persévérante,
elle se trompe rarement : elle est en effet le produit
de toutes les réflexions, le résultat de tous les suffrages, la réunion de tous les sentiments; elle est
un concert d'avis uniformes; c'est une voix com-
posée de toutes les voix rendant le même son,
présentant les mêmes images et tendant au même
but ; c'est une pensée générale et uniforme et
dont l'autorité est d'autant plus forte, d'autant
plus sûre que ceux qui l'expriment se trouvent
réunis par la même façon de sentir sans s'être
consultés....; se rapprochent sans se connaître, et
s'accordent le plus souvent sans le vouloir.

Voilà l'opinion publique qu'on doit consulter et
suivre pour ne pas s'exposer à des erreurs.

— Rien n'est plus facile que d'obtenir des certificats : le premier signe par complaisance ; le second par importunité, les autres par imitation.

— La police est la sauvegarde de la sûreté publique ; c'est la sentinelle attentive qui veille constamment pour prévenir les crimes, découvrir ceux qui peuvent être commis, les constater avec toutes leurs circonstances, s'emparer des coupables et les livrer à la justice.

— Quand il s'agit d'apprécier le degré d'intelligence d'un accusé, tout le monde est compétent et peut faire de la médecine intellectuelle.

— Une trop grande indulgence est aussi éloignée d'une véritable modération que l'exagération qui n'est que la colère de la faiblesse, est éloignée de la véritable force.

— Le magistrat chargé des fonctions criminelles doit acheter, par le soin d'être toujours humain dans les débats, le droit d'être sévère un instant.

— Les droits de l'innocence ne sont pas moins sacrés que ceux de la justice.

— Une rigueur inutile est une injustice.

— *Judex damnatur cum nocens absolvitur.*

— La vigilance assure le règne de la justice criminelle.

— Les aveux des accusés ne sont pas indivisibles.

— Il appartient au libertinage d'avilir même le vice.

— Le fanatisme est la passion guidée par l'ignorance.

— La religion est un ressort social ; un supplément aux lois; une force auxiliaire de la gendarmerie.

—La philosophie ne répond que des individus, mais la religion répond des masses.

ARTICLES DU CODE MILITAIRE

SECTION III.

De l'examen et du jugement.

113· — Le conseil de guerre se réunit au jour et à l'heure fixés par l'ordre de convocation.

Des exemplaires du présent Code, du Code d'instruction criminelle et du Code pénal ordinaire sont déposés sur le bureau.

Les séances sont publiques, à peine de nullité ; néanmoins, si cette publicité paraît dangereuse pour l'ordre ou pour les mœurs, le conseil ordonne que les débats aient lieu à huis clos. Dans tous les cas, le jugement est prononcé publiquement.

Le conseil peut interdire le compte-rendu de l'affaire ; cette interdiction ne peut s'appliquer au jugement.

114. — Le président a la police de l'audience.

115. — Les assistants sont sans armes; ils se tiennent découverts, dans le respect et le silence. Lorsque les assistants donnent des signes d'approbation ou d'improbation, le président les fait expulser. S'ils résistent à ses ordres, le président ordonne leur arrestation et leur détention pendant un temps qui ne peut excéder quinze jours. Les individus justiciables des conseils de guerre sont conduits dans la prison militaire, et les autres individus à la maison d'arrêt civile. Il est fait mention, dans le procès-verbal, de l'ordre du président ; et, sur l'exhibition qui est faite de cet ordre au gardien de la prison, les perturbateurs y sont reçus.

Si le trouble ou le tumulte a pour but de mettre obstacle au cours de la justice, les perturbateurs, quels qu'ils soient, sont, audience tenante, déclarés coupables de rébellion par le conseil de guerre, et punis d'un emprisonnement qui ne peut excéder deux ans.

Lorsque les assistants ou les témoins se rendent coupables, envers le conseil de guerre ou l'un de ses membres, de voies de fait ou d'outrages ou menaces par propos ou gestes, ils sont condamnés séance tenante :

1° S'ils sont militaires ou assimilés aux militaires, quels que soient leurs grades ou rangs, aux peines prononcées par le présent Code contre les crimes ou délits, lorsqu'ils ont été commis envers des supérieurs pendant le service;

2° S'ils ne sont ni militaires, ni assimilés aux militaires, aux peines portées par le Code pénal ordinaire.

116. — Lorsque des crimes ou des délits autres que ceux prévus par l'article précédent sont commis dans le lieu des séances, il est procédé de la manière suivante :

1° Si l'auteur du crime ou du délit est justiciable des tribunaux militaires, il est jugé immédiatement ;

2° Si l'auteur du crime ou du délit n'est point justiciable des tribunaux militaires, le président, après avoir fait dresser procès-verbal des faits et des dépositions des témoins, renvoie les pièces et l'inculpé devant l'autorité compétente.

117. — Le président fait amener l'accusé, lequel comparaît sous garde suffisante, libre et sans fers, assisté de son défenseur; il lui demande ses nom et prénoms, son âge, sa profession, sa demeure et le lieu de sa naissance ; si l'accusé refuse de répondre, il est passé outre.

118. — Si l'accusé refuse de comparaître, sommation d'obéir à la justice lui est faite au nom de la loi par un agent de la force publique commis à cet effet par le président. Cet agent dresse procès-verbal de la sommation et de la réponse de l'accusé. Si l'accusé n'obtempère à la

sommation, le président peut ordonner qu'il soit amené par la force devant le conseil ; il peut également, après lecture faite à l'audience du procès-verbal constatant sa résistance, ordonner que, nonobstant son absence, il soit passé outre aux débats.

Après chaque audience, il est, par le greffier du conseil de guerre, donné lecture, à l'accusé qui n'a pas comparu, du procès-verbal des débats, et il lui est signifié copie des réquisitions du commissaire impérial, ainsi que des jugements rendus, qui sont tous réputés contradictoires.

119. — Le président peut faire retirer de l'audience et reconduire en prison tout accusé qui, par des clameurs ou par tout autre moyen propre à causer du tumulte, met obstacle au libre cours de la justice, et il est procédé aux débats et au jugement comme si l'accusé était présent. L'accusé peut être condamné, séance tenante, pour ce seul fait, à un emprisonnement qui ne peut excéder deux ans.

Si l'accusé militaire ou assimilé aux militaires se rend coupable de voies de fait, ou d'outrages ou menaces par propos ou gestes, envers le conseil ou l'un de ses membres, il est condamné, séance tenante, aux peines prononcées par le présent Code contre ces crimes ou délits, lorsqu'ils ont été commis envers des supérieurs pendant le service.

Dans le cas prévu par le paragraphe précédent, si l'accusé n'est militaire, ni assimilé aux militaires, il est condamné aux peines portées par le Code pénal ordinaire.

120. — Dans les cas prévus par les articles 115, 116 et 119 du présent Code, le jugement rendu, le greffier en donne lecture à l'accusé et l'avertit du droit qu'il a de former un recours en révision dans les vingt-quatre heures. Il dresse procès-verbal, le tout à peine de nullité.

121. — Le président fait lire par le greffier l'ordre de convocation, le rapport prescrit par l'article 108 du présent Code, et les pièces dont il lui paraît nécessaire de donner connaissance au conseil : il fait connaître à l'accusé le crime ou le délit pour lequel il est poursuivi : il l'avertit que la loi lui donne le droit de dire tout ce qui est utile à sa défense ; il avertit aussi le défenseur de l'accusé qu'il ne peut rien dire contre sa conscience ou contre le respect qui est dû aux lois, et qu'il doit s'exprimer avec décence et modération.

122. — Aucune exception tirée de la composition du conseil, aucune récusation, ne peuvent être proposée contre les membres du conseil de guerre, sans préjudice du droit pour l'accusé de former un recours en révision, dans les cas prévus par l'art 74, n° 1, du présent Code.

123. — Si l'accusé a des moyens d'incompétence à faire valoir, il ne peut les proposer devant le conseil de guerre qu'avant l'audition des témoins.

Cette exception est jugée sur le champ.

Si l'exception est rejetée, le conseil passe au jugement de l'affaire, sauf à l'accusé à se pourvoir contre le jugement sur la compétence en même temps que contre la décision rendue sur le fond.

Il en est de même pour le jugement de tout autre exception ou de tout incident soulevé dans le cours des débats.

124. — Les jugements sur les exceptions, les moyens d'incompétence et les incidents sont rendus à la majorité des voix.

125. — Le président est investi d'un pouvoir discrétionnaire pour la direction des débats et la découverte de la vérité.

Il peut, dans le cours des débats, appeler, même par mandat de comparution et d'amener, toute personne dont l'audition lui parait nécessaire ; il peut aussi faire apporter toute pièce qui lui paraîtrait utile à la manifestation de la vérité.

Les personnes ainsi appelées ne prêtent pas serment, et leurs déclarations ne sont considérées que comme renseignements.

126. — Dans le cas où l'un des témoins ne se présente pas, le conseil de guerre peut passer outre aux débats, et lecture est donnée de la déposition du témoin absent.

127. — Si, d'après les débats, la déposition d'un témoin paraît fausse, le président peut, sur la réquisition
soit du commissaire impérial, soit de l'accusé, et même
d'office, faire sur le champ mettre le témoin en état
d'arrestation. Si le témoin est justiciable des conseils de
guerre, le président, ou l'un des juges nommés par lui,
procède à l'instruction. Quand elle est terminée, elle est
envoyée au général commandant la division.

Si le témoin n'est pas justiciable des conseils de guerre,
le président, après avoir dressé procès-verbal et avoir fait
arrêter l'inculpé, s'il y a lieu, le renvoie, avec le procès-
verbal, devant le procureur impérial du lieu où siége le
conseil de guerre.

128. — Les dispositions des articles 315, 316, 317,
318, 319, 320, 321, 322, 323, 324, 325, 326, 327,
328, 329, 332, 333, 334, 354, 355 du Code d'instruction criminelle, sont observées devant les conseils de
guerre.

129. — L'examen et les débats sont continués sans
interruption, et le président ne peut les suspendre que
pendant les intervalles nécessaires pour le repos des juges,
des témoins et des accusés.

Les débats peuvent être encore suspendus si un témoin
dont la déposition est essentielle ne s'est pas présenté,
ou si, la déclaration d'un témoin ayant paru fausse, son
arrestation a été ordonnée, ou lorsqu'un fait important
reste à éclaircir.

Le conseil prononce sur la suspension des débats à la
majorité des voix, et, dans le cas où la suspension dure
plus de quarante-huit heures, les débats sont recommencés
en entier.

130. Le président procède à l'interrogatoire de l'accusé
et reçoit les dépositions des témoins.

Le commissaire impérial est entendu dans ses réquisitions, et développe les moyens qui appuient l'accusation.

L'accusé et son défenseur sont entendus dans leur
défense.

Le commissaire impérial réplique, s'il le juge convenable ; mais l'accusé et son défenseur ont toujours la parole les derniers.

Le président demande à l'accusé s'il n'a rien à ajouter
à sa défense, et déclare ensuite que les débats sont
terminés.

131. — Le président fait retirer l'accusé.

Les juges se rendent dans la chambre du conseil, ou, si
les localités ne le permettent pas, le président fait retirer
l'auditoire.

Les juges ne peuvent plus communiquer avec personne
ni se séparer avant que le jugement ait été rendu. Ils dé-

libèrent hors de la présence du commissaire impérial et
du greffier.

Ils ont sous les yeux les pièces de la procédure.

Le président recueille les voix, en commençant par le
grade inférieur; il émet son opinion le dernier.

132. — Les questions sont posées par le président
dans l'ordre suivant pour chacun des accusés :

1o L'accusé est-il coupable du fait qui lui est imputé ?

2o Ce fait a-t-il été commis avec telle ou telle circonstance aggravante ?

3o Ce fait a-t-il été commis dans telle ou telle circonstance qui le rend excusable d'après la loi ?

Si l'accusé est âgé de moins de seize ans, le président
pose cette question : l'accusé a-t-il agi avec discernement ?

133. — Les questions indiquées par l'article précédent
ne peuvent être résolues contre l'accusé qu'à la majorité
de cinq voix contre deux.

134. — Si l'accusé est déclaré coupable, le conseil
de guerre délibère sur l'application de la peine.

Dans le cas où la loi autorise l'admission de circonstances atténuantes, si le conseil de guerre reconnaît
qu'il en existe en faveur de l'accusé, il le déclare à la majorité absolue des voix.

La peine est prononcée à la majorité de cinq voix contre
deux.

Si aucune peine ne réunit cette majorité, l'avis le plus
favorable sur l'application de la peine est adopté.

135. — En cas de conviction de plusieurs crimes ou
délits la peine la plus forte est seule prononcée.

136. — Le jugement est prononcé en séance publique.

Le président donne lecture des motifs et du dispositif.

Si l'accusé n'est pas reconnu coupable, le conseil prononce son acquittement, et le président ordonne qu'il
soit mis en liberté, s'il n'est retenu pour autre cause.

Si le conseil de guerre a déclaré que le fait commis par
l'accusé ne donne lieu à l'application d'aucune peine, il
prononce son absolution, et le président ordonne qu'il
sera mis en liberté à l'expiration du délai fixé pour le
recours en révision.

137. — Tout individu acquitté ou absous ne peut être
repris ni accusé à raison du même fait.

138. — Si le condamné est membre de l'ordre impérial de la Légion-d'Honneur ou décoré de la médaille militaire, le jugement déclare, dans les cas prévus par les lois, qu'il cesse de faire partie de la Légion-d'Honneur ou d'être décoré de la médaille militaire.

139. — Le jugement qui prononce une peine contre l'accusé le condamne aux frais envers l'Etat. Il ordonne en outre, dans les cas prévus par la loi, la confiscation des objets saisis et la restitution, soit au profit de l'Etat, soit au profit des propriétaires, de tous objets saisis ou produits au procès comme pièces de conviction.

140. — Le jugement fait mention de l'accomplissement de toutes les formalités prescrites par la présente section.

Il ne reproduit ni les réponses de l'accusé ni les dépositions des témoins.

Il contient les décisions rendues sur les moyens d'incompétence, les exceptions et les incidents.

Il énonce, à peine de nullité:

1° Les noms et grades des juges;

2° Les nom, prénoms, âge, profession et domicile de l'accusé;

3° Le crime ou le délit pour lequel l'accusé a été traduit devant le conseil de guerre ;

4° La prestation de serment des témoins ;

5° Les réquisitions du commissaire impérial ;

6° Les questions posées, les décisions et le nombre des voix ;

7° Le texte de la loi appliquée ;

8° La publicité des séances ou la décision qui a ordonné le huis-clos ;

9° La publicité de la lecture du jugement faite par le président.

Le jugement, écrit par le greffier, est signé sans désemparer par le président, les juges et le greffier.

141. — Le commissaire impérial fait donner lecture du jugement à l'accusé par le greffier, en sa présence et devant la garde rassemblée sous les armes.

Aussitôt après cette lecture, il avertit le condamné que la loi lui accorde vingt-quatre heures pour exercer son recours devant le conseil de révision.

Le greffier dresse du tout un procès-verbal signé par lui et par le commissaire impérial.

142. — Lorsqu'il résulte, soit des pièces produites, soit des dépositions des témoins entendus dans les débats, que l'accusé peut être poursuivi pour d'autres crimes ou délits que ceux qui ont fait l'objet de l'accusation, le conseil de guerre, après le prononcé du jugement, renvoie, sur les réquisitions du commissaire impérial, ou même d'office, le condamné au général qui a donné l'ordre de mise en jugement, pour être procédé, s'il y a lieu, à l'instruction. S'il y a eu condamnation il est sursis à l'exécution du jugement.

S'il y a eu acquittement ou absolution, le conseil de guerre ordonne que l'accusé demeure en état d'arrestation jusqu'à ce qu'il ait été statué sur les faits nouvellement découverts.

143. — Le délai de vingt-quatre heures accordé au condamné pour se pourvoir en révision court à partir de l'expiration du jour où le jugement lui a été lu.

La déclaration du recours est reçue par le greffier ou par le directeur de l'établissement où est détenu le condamné. La déclaration peut être faite par le défenseur du condamné.

De la contumace et des jugements par défaut.

175. — Lorsqu'après l'ordre de mise en jugement, l'accusé d'un fait qualifié crime n'a pu être saisi, ou lorsqu'après avoir été saisi il s'est évadé, le président du conseil de guerre rend une ordonnance indiquant le crime pour lequel l'accusé est poursuivi et portant qu'il sera tenu de se présenter dans un délai de dix jours.

Cette ordonnance est mise à l'ordre du jour.

176. — Après l'expiration du délai de dix jours à partir de la mise à l'ordre du jour de l'ordonnance du président, il est procédé, sur l'ordre du général commandant la division, au jugement par contumace.

Nul défenseur ne peut se présenter pour l'accusé contumax.

Les rapports et procès-verbaux, la déposition des témoins et les autres pièces de l'instruction sont lus en entier à l'audience.

Le jugement est rendu dans la forme ordinaire, mis à l'ordre du jour et affiché à la porte du lieu où siége le conseil de guerre et à la mairie du domicile du condamné.

Le greffier et le maire dressent procès-verbal, chacun en ce qui le concerne.

Ces formalités tiennent lieu de l'exécution du jugement par effigie.

De l'identité.

180. — La reconnaissance de l'identité d'un individu condamné par un conseil de guerre, évadé et repris, est faite par le conseil de guerre de la division où se trouve le corps dont fait partie le condamné.

Si le condamné n'appartient à aucun corps, la reconnaissance est faite par le conseil de guerre qui a prononcé la condamnation, et, si le conseil a cessé ses fonctions, par le conseil de guerre de la division sur le territoire de laquelle le condamné a été repris.

Le conseil statue sur la reconnaissance en audience publique, en présence de l'individu repris, après avoir entendu les témoins appelés tant par le commissaire impérial que par l'individu repris ; le tout à peine de nullité.

Le commissaire impérial et l'individu repris ont la faculté de se pourvoir en révision contre le jugement qui statue sur la reconnaissance de l'identité.

Les dispositions des paragraphes 1 et 2 ci-dessus sont applicables au jugement des condamnés par contumace qui se représentent ou qui sont arrêtés.

ARTICLES

DU CODE D'INSTRUCTION CRIMINELLE

315. — Le procureur général exposera le sujet de l'accusation ; il présentera ensuite la liste des témoins qui devront être entendus, soit à sa requête, soit à la requête de la partie civile, soit à celle de l'accusé.

Cette liste sera lue à haute voix par le greffier.

Elle ne pourra contenir que les témoins dont les noms, profession et résidence auront été notifiés, vingt-quatre heures au moins avant l'examen de ces témoins, à l'accusé, par le procureur général ou la partie civile, et au procureur général par l'accusé, sans préjudice de la faculté accordée au président par l'article 269. (Voir article 125 du Code de justice militaire).

L'accusé et le procureur général pourront, en conséquence, s'opposer à l'audition d'un témoin qui n'aurait pas été indiqué ou qui n'aurait pas été clairement désigné dans l'acte de notification.

La Cour statuera de suite sur cette opposition.

316. — Le président ordonnera aux témoins de se retirer dans la chambre qui leur sera destinée. Ils n'en sortiront que pour déposer. Le président prendra des précautions, s'il en est besoin, pour empêcher les témoins de conférer entre eux du délit et de l'accusé, avant leur déposition.

317. — Les témoins déposeront séparément l'un de l'autre, dans l'ordre établi par le procureur général. Avant de déposer, ils prêteront, à peine de nullité, le serment de parler sans haine et sans crainte, de dire toute la vérité et rien que la vérité.

Le président leur demandera leurs nom, prénoms, âge, profession, leur domicile ou résidence, s'ils connaissent l'accusé avant le fait mentionné dans l'acte d'accusation, s'ils sont parents ou alliés, soit de l'accusé, soit de la partie civile, et à quel degré; il leur demandera encore s'ils ne sont pas attachés au service de l'un ou de l'autre: cela fait, les témoins déposeront oralement.

318. — Le président fera tenir note, par le greffier, des additions, changements ou variations qui pourraient exister entre la déposition d'un témoin et ses précédentes déclarations.

Le procureur général et l'accusé pourront requérir le président de faire tenir les notes de ces changements, additions et variations.

319. — Après chaque déposition, le président demandera au témoin si c'est de l'accusé présent qu'il a entendu parler ; il demandera ensuite à l'accusé s'il veut répondre à ce qui vient d'être dit contre lui.

Le témoin ne pourra être interrompu : l'accusé ou son conseil pourront le questionner par l'organe du président, après sa déposition, et dire, tant contre lui que contre son témoignage, tout ce qui pourra être utile à la défense de l'accusé.

Le président pourra également demander au témoin et à l'accusé tous les éclaircissements qu'il croira nécessaires à la manifestation de la vérité.

Les juges, le procureur général et les jurés auront la même faculté, en demandant la parole au président. La partie civile ne pourra faire de questions, soit au témoin, soit à l'accusé, que par l'organe du président.

320. — Chaque témoin, après sa déposition, restera dans l'auditoire, si le président n'en a ordonné autrement,

jusqu'à ce que les jurés se soient retirés pour donner leur déclaration.

321. — Après l'audition des témoins produits par le procureur général et par la partie civile, l'accusé fera entendre ceux dont il aura notifié la liste, soit sur les faits mentionnés dans l'acte d'accusation, soit pour attester qu'il est homme d'honneur, de probité et d'une conduite irréprochable

Les citations faites à la requête des accusés seront à leurs frais, ainsi que les salaires des témoins cités, s'ils en requièrent ; sauf au procureur général à faire citer à sa requête les témoins qui lui seront indiqués par l'accusé, dans le cas où il jugerait que leur déclaration pût être utile pour la découverte de la vérité.

322. — Ne pourront être reçues les dépositions :

1° Du père, de la mère, de l'aïeul, de l'aïeule, ou de tout autre ascendant de l'accusé, ou de l'un des accusés présents et soumis au même débat :

2° Du fils, fille, petit-fils, petite-fille, ou de tout autre descendant :

3° Des frères et sœurs ;

4° Des alliés aux mêmes degrés :

5° Du mari et de la femme, même après le divorce prononcé ;

6° Des dénonciateurs dont la dénonciation est récompensée pécuniairement par la loi ;

Sans néanmoins que l'audition des personnes ci-dessus désignées puisse opérer une nullité, lorsque, soit le procureur général, soit la partie civile, soit les accusés, ne se sont pas opposés à ce qu'elles soient entendues.

323. — Les dénonciateurs autres que ceux récompensés pécuniairement par la loi, pourront être entendus en témoignage ; mais le jury sera averti de leur qualité de dénonciateurs.

324. — Les témoins produits par le procureur général ou par l'accusé seront entendus dans le débat, même lorsqu'ils n'auraient pas préalablement déposé par écrit, lorsqu'ils n'auraient reçu aucune assignation, pourvu, dans tous les cas, que ces témoins soient portés sur la liste mentionnée dans l'article 315.

325. — Les témoins, par quelque partie qu'ils soient produits, ne pourront jamais s'interpeller entre eux.

326. — L'accusé pourra demander, après qu'ils auront déposé, que ceux qu'il désignera se retirent de

14

l'auditoire, et qu'un ou plusieurs d'entre eux soient introduits et entendus de nouveau, soit séparément, soit en présence les uns des autres.

Le procureur général aura la même faculté.

Le président pourra aussi l'ordonner d'office.

327. — Le président pourra, avant, pendant, ou après l'audition d'un témoin, faire retirer un ou plusieurs accusés, et les examiner séparément sur quelques circonstances du procès; mais il aura soin de ne reprendre la suite des débats généraux qu'après avoir instruit chaque accusé de ce qui se sera fait en son absence, et de ce qui en sera résulté.

328. — Pendant l'examen, les jurés, le procureur général et les juges, pourront prendre note de ce qui leur paraîtra important, soit dans les dépositions des témoins, soit dans la défense de l'accusé, pourvu que la discussion ne soit pas interrompue.

329. — Dans le cours ou à la suite des dépositions, le président fera représenter à l'accusé toutes les pièces relatives au délit, et pouvant servir à conviction; il l'interpellera de répondre personnellement s'il les reconnaît: le président les fera aussi représenter aux témoins s'il y a lieu.

332. — Dans le cas où l'accusé, les témoins, ou l'un

d'eux, ne parleraient pas la même langue ou le même idiome, le président nommera d'office, à peine de nullité, un interprète âgé de vingt et un ans au moins, et lui fera, sous la même peine, prêter serment de traduire fidèlement les discours à transmettre entre ceux qui parlent des langages différents.

L'accusé et le procureur général pourront récuser l'interprète en motivant leur récusation.

La Cour prononcera.

L'interprète ne pourra à peine de nullité, même du consentement de l'accusé ni du procureur général, être pris parmi les témoins, les juges et les jurés.

333. — Si l'accusé est sourd-muet et ne sait pas écrire, le président nommera d'office, pour son interprète, la personne qui aura le plus d'habitude de converser avec lui.

Il en sera de même à l'égard du témoin sourd-muet.

Le surplus des dispositions du précédent article sera exécuté.

Dans le cas où le sourd-muet saurait écrire, le greffier écrira les questions et observations qui lui seront faites ; elles seront remises à l'accusé ou au témoin, qui donneront par écrit leurs réponses ou déclarations. Il sera fait lecture du tout par le greffier.

334. — Le président déterminera celui des accusés qui devra être soumis le premier aux débats, en commençant par le principal accusé, s'il y en a un.

Il se fera ensuite un débat particulier sur chacun des autres accusés.

354. — Lorsqu'un témoin qui aura été cité ne comparaîtra pas, la Cour pourra, sur la réquisition du procureur général, et avant que les débats soient ouverts par la déposition du premier témoin inscrit sur la liste, renvoyer l'affaire à la prochaine session.

355. — Si, à raison de la non-comparution du témoin, l'affaire est renvoyée à la session suivante, tous les frais de citation, actes, voyages de témoins, et autres ayant pour objet de faire juger l'affaire, seront à la charge de ce témoin, et il y sera contraint, même par corps, sur la réquisition du procureur général, par l'arrêt qui renverra les débats à la session suivante.

Le même arrêt ordonnera, de plus, que ce témoin sera amené par la force publique devant la Cour pour y être entendu.

Et néanmoins, dans tous les cas, le témoin qui ne comparaîtra pas, ou qui refusera, soit de prêter serment, soit de faire sa déposition, sera condamné à la peine portée en l'article 80.

409. — Dans le cas d'acquittement de l'accusé, l'annulation de l'ordonnance qui l'aura prononcé et de ce qui l'aura précédé, ne pourra être poursuivie par le ministère public que dans l'intérêt de la loi et sans préjudicier à la partie acquittée.

410. — Lorsque la nullité procédera de ce que l'arrêt aura prononcé une peine autre que celle appliquée par la loi à la nature du crime, l'annulation de l'arrêt pourra être poursuivie, tant par le ministère public que par la partie condamnée.

La même action appartiendra au ministère public contre les arrêts d'absolution mentionnés en l'article 364, si l'absolution a été prononcée sur le fondement de la non-existence d'une loi pénale qui pourtant aurait existé.

FIN.

TABLE DES MATIÈRES.

—

PREMIÈRE PARTIE.

De l'exercice de la police judiciaire et de l'instruction..... 2

Des devoirs du rapporteur et des droits du commissaire
impérial................................... 3

Principes et règles de l'instruction.................... 4

Des conseils de révision......................... 7

De la mise en jugement et de la convocation du conseil de
guerre............................... 9

De la rédaction du rapport...................... 11

Jurisprudence sur les accusations portées devant le conseil
de guerre..................................... 13

De l'obligation de nommer un défenseur à l'accusé..... 15

Du choix d'un défenseur .... id.

De la convocation du conseil de guerre................ 18

De la communication du défenseur avec l'accusé........ 19

DEUXIÈME PARTIE.

De la publicité et du huis-clos 22

De la police de l'audience.................... 25

Du refus d'un accusé de comparaitre à l'audience........ 27

Des moyens d'incompétence et des exceptions sur la composition du conseil............................ 29

De la fausse déposition......................... 31

Du pouvoir discrétionnaire...................... 32

De la nécessité du débat oral...................... 38

Du droit du conseil d'annuler une partie des débats....... 40

De la réunion du conseil de guerre.................. 43

De la désignation d'un interprète.................... 45

De la constatation de l'identité de l'accusé............. 47

De l'avertissement à donner à l'accusé et au défenseur.... 48

De la lecture du rapport et des pièces de la procédure..... 49

Du nouvel avertissement à l'accusé et de l'exposé facultatif

du commissaire impérial...................... 50

De l'appel des témoins, incidents et jurisprudence........ 51

Observations sur les renvois........................ 54

De l'ordre donné par le président de faire retirer les

témoins.................................. 54

Du rang des accusés entre eux...................... 55

De l'interrogatoire............................. 56

De l'obligation de rendre compte à un accusé de ce qui

s'est fait en son absence...................... 59

De l'audition des témoins et de l'ordre qui doit être suivi. 61

De la représentation des pièces de conviction........... 62

Du serment des témoins.......................... 63

Des interpellations à adresser aux témoins............. 64

De l'audition des témoins au degré prohibé............. 66

Des variations ou additions d'un témoin lors de sa déposition. 67

Arrêt important pour la conduite des débats........... 69

De l'audition des témoins à décharge................. 70

Du réquisitoire et du ministère public................ 71

Des droits et des devoirs de la défense................ 74

Avertissement à l'accusé et clôture des débats........... 78

De la délibération du conseil...................... 79

De la position des questions.................... 81

Des questions d'excuse........................ 85

De la déclaration de culpabilité et des circonstances atté-

nuantes 90

Du jugement et de la condamnation............ 92

De l'acquittement............................. 94

De l'absolution.............................. 95

De la chose jugée............................ id.

De la condamnation aux frais................. 97

Prescriptions et nullités prévues par le Code militaire..... 98

Des faits nouveaux........................... 100

Du jugement d'un contumax. 101

De la reconnaissance de l'identité d'un contumax........ 103

TROISIÈME PARTIE.

Guide et jurisprudence spéciale pour les cours d'assises... 107

Qu'entend-on par armes?..................... 142

Principes sur l'assassinat..................... 145

De la violence morale dans les attentats à la pudeur...... 149

Principes sur l'aveu.......................... 150

—— sur le duel........................... 152

Principes du faux.............................. 162

—   du faux témoignage et de la subornation........ 165

—   sur l'ivresse............................. 168

—   sur la légitime défense..................... 170

—   sur le meurtre conventionnel................ 176

—   sur la provocation........................ 179

Différence entre l'excuse et la provocation.............. 180

Principes sur la position des questions................. 183

—   sur la tentative 184

Maximes et principes divers 185

Articles du Code de justice militaire cités dans le recueil. 189

Articles du Code d'instruction criminelle.............. 205

FIN DE LA TABLE.

Lyon. — Imp. d'A. Vingtrinier.

www.ingramcontent.com/pod-product-compliance
Lightning Source LLC
Chambersburg PA
CBHW070500200326
41519CB00013B/2651